アメリカ南部の台所から

アンダーソン 夏代

A Southern Cooking Experience

Natsuyo Anderson

はじめに

皆様こんにちは。お久しぶりです。もしくは初めまして。北フロリダ在住のアンダーソン夏代です。今までアメリカの南部料理を中心にご紹介した料理本を3冊（『アメリカ南部の家庭料理』『アメリカン・アペタイザー』『アメリカ南部の野菜料理』）上梓する機会に恵まれました。そのレシピの間に書いたコラムや料理紹介文を読んでくださった方々から、「読み物としても面白い」というありがたいご感想をたくさんお寄せいただけたおかげで、今回はエッセイとして皆様に再びお目にかかる運びとなりました。ありがとうございます。

２００4年の春に渡米して早20年になりました。初めて暮らしたのは北西に位置するワシントン州の小高い森の中で、裏庭では大きな鹿がのんびりと草を食み、夏は夜9時半頃まで明るく、水は軟水でした。蛇口をひねれば夏でも冷たい水が出ます。車で20分も行けば、オーガニックと日系食品の取り扱いが豊富でマグロとサーモンの刺身がいつでも買えるスーパーがあり、数ヶ月に一度は、車ごと乗り込めるフェリーでシャチが暮らしているピュージェット湾を渡ってシアトルへ出て、大きな日系スーパーやアジア系スーパーで欲しいものを簡単に買っていました。渡米前は「どんな田舎に住むか分からないから覚悟しておいて」とアメリカ人の夫にいわれて、食べたいものはなんでも作れるように、と色々調べては手作りしていたので拍子抜けし、「アメリカ暮らしって楽しくてラクだ」と刷り込まれました。

２００５年の晩秋に現在も住んでいる北フロリダへ引っ越しました。すると状況は一転。日本のものが手に入りにくい上に、スーパーの野菜はしなびていたり、フルーツが傷んでいたりと鮮度はいまいち（今は改善されています）。水はバリバリの硬水で、お茶を淹れても美味しくなく、日本に住んでいた頃と同じように丁寧に淹れても、何故か胸焼けする高級玉露。最高気温は40度近くに到達し常夏なのかと思いきや、冬は凍結注意報が出るほどのマイナスになり、時として、一日の気温差が20度以上もある環境。海がそこそこ近いのに、新鮮なものは他州や日本などに送られ、一般スーパーの魚コーナーには他州で取れた鮮度が落ちたものや、冷凍品が主流の魚介類などなど……。果たしてこんなところでやっていけるのだろうかと不安になったものでした。

時には他州の品揃えが良い場所を訪れ、何故こんなにも違うのかとショックを受けたり、駐在でお住まいだった方に「アメリカは比較的なんでも手に入るから住むのも楽でしょう」といわれると「ああ、この方は良いところにお住まいだったのだな」と必要以上にネガティブに受け取ってしまったこともありました。もっと以前からアメリカにお住まいだった日本の方の苦労に比べれば、笑ってしまうほど大したことはないのですが、日本食に対するホームシックが酷くなり、全てが後ろ向きになってしまっていたのです。

それでもここに落ち着くと決めたあとは、なければないなりになんとかなるようになりました。引っ越してきた当初より品揃えは随分良くなってきたこともありますが、それぞれの材料にある程度詳しくなったことで「あるものでなんとかする」という精神になり、自分自身がたくましくなったことも関係しています。今では日常のごはん作りで困難を感じることはほぼありません。南部特有の食文化やマナー、自分が想像していた以上に食にこだわりがあるための多種多様な選択肢など、背景が分かる度に、面白さや楽しさは増えていきました。そして、自分から学びたいという気持ちで接すると、気さくに教えてくれる南部の方々からも、良い影響を受けています。

本著では、私がアメリカ生活で体験した食にまつわるお話をしたいと思います。エピソードとしては、南部に関わることがメインです。マニアックな豆知識多めのエッセイとしてさらっとお読みいただけるほか、アメリカ旅行を計画されている方、留学中や駐在中の方、渡米されたばかりでどのようにアメリカの食料品と向き合って良いのか分からない方のお手伝いになれるかもしれません。

なんだかそこはかとない悲壮感が一部に漂いましたが、中はとことん前向きですのでどうぞご心配なく。どこからでもお好きなように読んでください。おまけ程度ですが、いくつかのお話にまつわるレシピもあります。では、どうぞお楽しみください。

もくじ

1 Foods
料理・食材

2 Condiments 調味料

3 Restaurants and Supermarkets
レストランとスーパーマーケット

4 Tea Time
お菓子とお茶

5 All Around the Kitchen

台所周り

6 Living in the U.S.

アメリカの生活

アメリカ南部とは

アメリカ合衆国は広大な国で、50州から成り立ちます（ここでは未編入の領土については触れません）。アメリカ合衆国国勢調査局（U.S. Census Bureau）の区分けですと、大きく4つのエリアに分かれており、アラスカ州とハワイ州を含めた西海岸側の西部（West）、五大湖を中心にミシガン州やイリノイ州などは中西部（Midwest）、ニューヨーク州などは北東部（Northeast）に属しており、そして南東部に位置する南部（South）があります。それぞれの地域は文化や言葉のアクセントなどが異なるほか、食文化にも違いがあります。

具体的に南部と呼ばれる州は、東海岸の北からアメリカの首都であるワシントンDC、メリーランド州、デラウェア州、バージニア州、ウエストバージニア州、ケンタッキー州、ノースキャロライナ州、サウスキャロライナ州、テネシー州、ジョージア州、フロリダ州、アラバマ州、ミシシッピ州、アーカンソー州、ルイジアナ州、テキサス州、オクラホマ州の16州＋1（首都）になります。

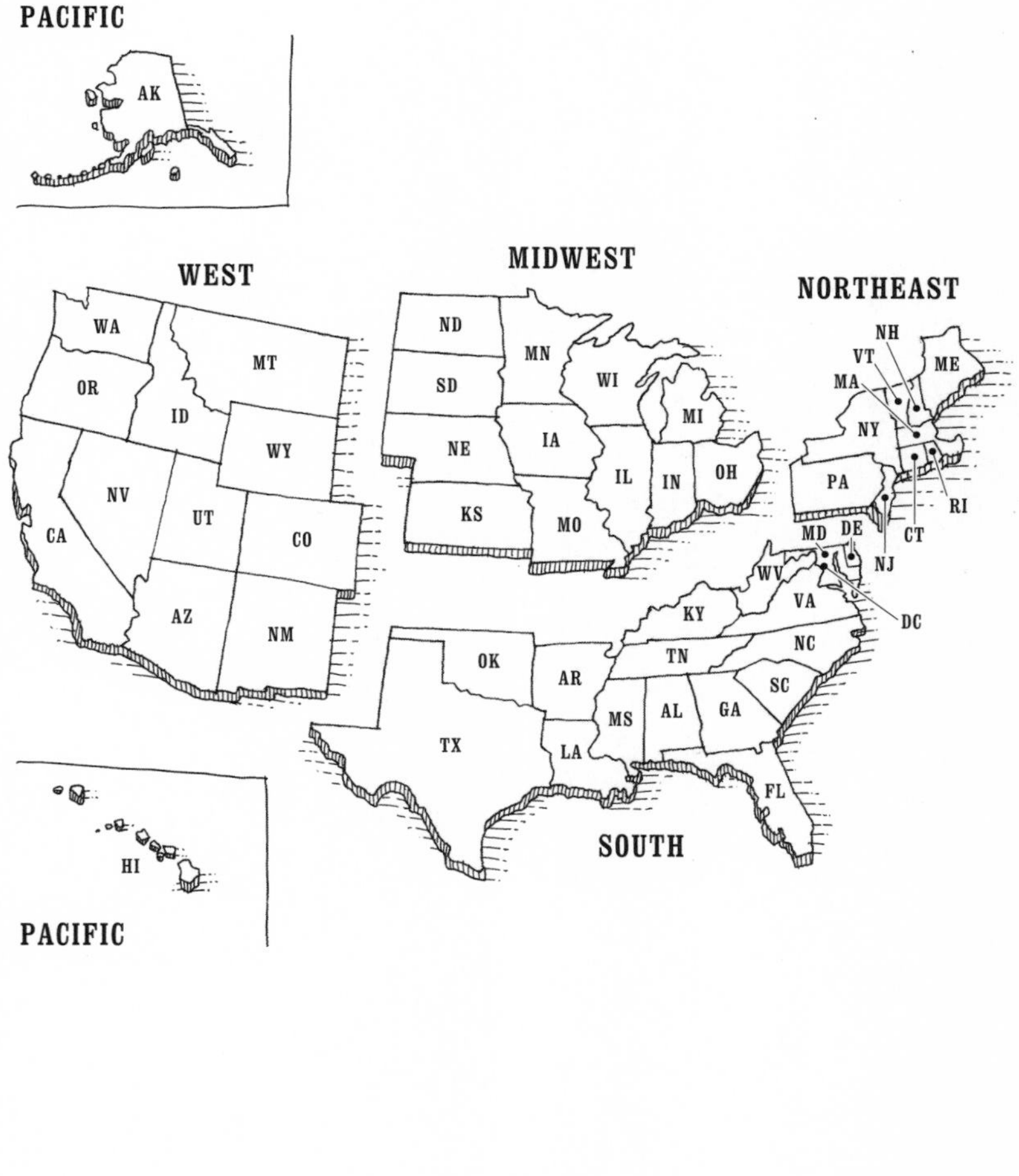
PACIFIC
AK
WEST
MIDWEST
NORTHEAST
WA
OR
CA
ID
NV
MT
WY
UT
CO
AZ
NM
ND
SD
NE
KS
MN
IA
MO
WI
IL
MI
IN
OH
NH
VT
MA
ME
NY
PA
RI
CT
NJ
MD
DE
DC
WV
VA
KY
TN
NC
SC
OK
AR
TX
LA
MS
AL
GA
FL
SOUTH
HI
PACIFIC

アメリカの南部と聞いて思い出されるのは、アメリカ南北戦争（Civil War）でしょう。現在のアメリカでは人種差別の象徴として扱われる映画『風と共に去りぬ（Gone with the Wind）』は南部が舞台です。奴隷制度撤廃に反対をして戦争に突入したように、大きな変化を好まない傾向があります。

中でもディープサウスというコテコテ南部のエリアがあり、サウスキャロライナ州、ジョージア州、フロリダ州の北部、アラバマ州、ミシシッピ州、ルイジアナ州、テキサス州の東側がそう呼ばれます。私が住んでいるのはフロリダ州の北部で、ディープサウスの一番南端になります。ディズニーワールドやユニバーサルスタジオがある観光都市として人気のオーランドや、それより南のマイアミなどになると、南部というよりも中南米色が強くなってきます。マイアミ空港へ降り立つと、英語よりもスペイン語の方がよく聞こえてくるくらいです。

南部の料理とは、アメリカに入植したヨーロッパからの移民（主にイギリス、スペイン、フランス）、アメリカ先住民、カリブ系や、奴隷として連れてこられた西アフリカの人々の料理が複合してできたもので、日本人が日本で食する機会が多いファストフードとは趣が異なります。アメリカ南部の家庭料理メニューに一番近いかなと思える日本のケンタッキーフライドチキンでも、まずビスケットの形や食感が違います（アメリカのビスケットには穴が開いていませんし、メープル風のシロップも付きません。そして、サイドメニューもマッシュドポテトやマカロニ＆チーズなど、もっと家庭的です）。ルイジアナ州とテキサス州を除いて全体的にイギリスの影響が強く、クラシカルな野菜料理は長時間煮込んだり焼いたりしたものが多いので、総じて柔らかめです。アメリカ先住民から学んだ乾燥とうもろこしを使用目的に応じて粗挽きから細挽きにしたコーングリッツやコーンミールは南部の食生活には欠かせないもので、粗挽きのものはグリッツと呼ぶお粥にし、細かく挽いたものはコーンブレッドと呼ぶクイックブレッドや、エビや魚といったシーフードのフライの衣に使用します。

他にどんなものがあるのだろう、南部料理をもっと知りたいなと思われた方は、拙著『アメリカ南部の家庭料理』（アノニマ・スタジオ）や、『アメリカ南部の野菜料理』（誠文堂新光社）をお読みください（すかさず宣伝）。

1.

Foods

料理・食材

謎の料理、キャセロール

アメリカの家庭料理に馴染みがない方にとって、なんだかよく分からないもののひとつにキャセロールという料理があります。キャセロールには料理本が一冊できるほどの色々なものがあり、単にキャセロールが食べたいといわれても、どんなキャセロールが好きなのか、作る側も困ってしまうくらいです。

キャセロールとは、フランス語でソースパン（片手鍋）を意味するカスロール（Casserole）が語源で、フランスでは主に煮込みや蒸し焼き料理のことを指します。アメリカにはフランス系移民から伝わり、広まる中で独自のアレンジが加えられ、1950年代になると、缶詰食品などをベースにした具材をオーブンで焼いてそのまま食卓に出せる、副菜を兼ね備えたメイン料理として定着しました。なので、アメリカのキャセロールを日本の方に説明すると、「グラタンのようでグラタンでない、でも、グラタンの要素もあるオーブン料理」といったところでしょうか。容器はキャセロールディッシュと呼ばれる約8チセンの深さがある約23×33

センチ（9×13インチ）の長方形耐熱容器がスタンダードで、持ち寄りパーティーのポットラックや家族が集まるイベント、南部では葬儀の際の食事会にも登場する、日々の生活に根付いた料理です。

現在一般的にイメージされるものは、

- たんぱく質（角切りにして炒めた鶏肉、炒めた牛挽き肉、刻んだハム、ツナ缶など）
- 野菜類（玉ねぎやセロリなどをバターで炒めたもの、さやいんげんやグリーンピースの水煮缶、冷凍のブロッコリーなど）
- 炭水化物（冷やごはんや茹でたショートパスタなど）

これら3種類を組み合わせ、ホワイトソースや濃縮クリームスープの素で和えて、オーブンで焼いたクリームベースのものでしょう。

肉類は入れず、ズッキーニやとうもろこし、なす、トマト、カボチャなどを使った野菜メインのキャセロールもありますし、トマトベースのパスタソースを使ったものもあり、ラザニアはキャセロールの一種という扱いです。

クリームベースのものは、こくだしにマヨネーズやサワークリーム、おろしたチェダーチーズや、食感のアクセントとして刻んだオオクログワイ（Water Chestnut／馬蹄《まーてぃー》）の水煮缶を混ぜ入れたりします。これは、蓮根や根元側のたけのこの水煮で代用できますが、何も入れなくても全く問題ありません。

トッピングは必須で、モッツァレラのようなとろりと糸を引くタイプのチーズを使うか、溶かしバターを絡めたパン粉、クラッカーやポテトチップス、チートスといったスナック菓子を砕いたものを散らして焼き上げ、カリカリ食感を楽しむタイプが多いです。

茹でたさやいんげん（冷凍や水煮缶でも）と、キャンベルのクリームオブマッシュルーム缶、市販のフライドオニオンを混ぜて焼いたものは、グリーンビーンズ・キャセロールと呼ばれ、感謝祭やクリスマスの定番サイドディッシュです。その時期には、クリームオブマッシュルーム缶と、フライドオニオンがセールになります。このスープ缶が手に入らない時は、バターで炒めたマッシュルームを混ぜた、お湯溶きコンソメ入りの手作りホワイトソースで代用できます。

キャセロールは、朝ごはんにもなります。

刻んで炒めたソーセージかハム、玉ねぎと、牛乳または生クリームで溶いた卵、冷凍のハッシュブラウン（もちろん生のじゃがいもから用意しても）、おろしたチェダーチーズかピザ用チーズを混ぜ合わせてオーブンで焼けば、ブレックファスト・キャセロールの出来上がりです。これはパイ生地不要の具だくさんキッシュといった感じで、ボリューム満点です。ハッシュブラウンを調理したグリッツにかえると、グリッツ・キャセロールになります。

3センチ四方に切ったブリオッシュや食パン、レーズンを、内側にバターを塗った耐熱容器に詰めて、牛乳、卵、砂糖、バニラで作ったカスタード液を注ぎ、一晩冷蔵庫で液を十分に吸わせたものを翌朝オーブンで焼くと、ブレッドプディング・キャセロールの出来上がりです。カスタード液の量によっては、中とろとろのフレンチトースト風になり、食べる直前に粉砂糖やシロップをかけます。

キャセロールは残り物を消費するのに便利です。メインにするにはボリューム不足のハムや鶏肉。切れ端に近い玉ねぎ、セロリ、人参や、袋を輪ゴムで留めた使いかけの冷凍ブロッコリー。人数分には気持ち足りない冷やごはんに、特売で買い置きしていたホワイトソースかミートソースを含めたパスタソース。ちょっとだけ余っていたピザ用チーズと、一袋を一気に食べるのは……と気持ち程度残していたスナック菓子などを使って、平日の主菜兼副菜兼主食の出来上がりです。

このように、朝、昼、晩に楽しめる上、冷蔵庫の在庫整理にも役立つキャセロール。試してみたくなりませんか？

短、中、長の米の話

アメリカはパン食文化だと思われがちですが、ちゃんと米はあり、意外にもたくさんの種類が購入可能です。日本では、ジャポニカ米の短粒種および中粒種の割合が圧倒的で、アメリカではホワイトライスと呼ばれる長粒種米の消費が7割以上を占めます。アメリカで食べられる米の約80パーセントがアメリカ産で、カリフォルニア以外の産地はほとんど南部に集中しています。他にも様々な種類があるので、ご紹介します。

まずは、在米日本人に好まれる北カリフォルニア産のジャポニカ米から。これには、たくさんの品種があります。

私が住んでいるエリアの一般スーパーで見かけるのは、牡丹、錦、国宝ローズという、いずれも中粒種です。第二次世界大戦後のアメリカでは、短粒種米のカル・パール（Cal Pearl）というジャポニカ米が主に栽培されていましたが、植物育種学者のヒューズ・ウィリアムズ氏とジェンキン・ジョーンズ氏によって、中粒種で作付面積が大きいカルローズ（Calrose）が作り出されました。その後、カリフォルニアで大農園を営んでいた福島県出身の国府田《こうだ》敬三郎《けいざぶろう》氏が1950年代にウィリアムズ氏を雇用し、カルローズをベースとした国宝ローズ（KR55株）が生まれました。国宝ローズの生産販売が軌道に乗ったあと、国府田家が籾種《もみだね》をカリフォルニアの米育種発展のために他社と共有したことにより、品種改良がさらに進んで現在のカリフォルニア産ジャポニカ米の成功に繋がっています。

人気ブランドのものには、玄米や胚芽米もあります。銀シャリが期待できる高級品

になると、コシヒカリと夢ごこちをブレンドした短粒種の玉錦《たまにしき》、コシヒカリの田牧《たまき》米などがあり、同じくカリフォルニア産です。これらは、アジア系食料品店などで購入可能です（もち米も）。

日本人同士のご夫婦、または配偶者が外国の方であっても日本食に興味があるご家庭の場合は、米の食味にこだわることが多く、高級品を選ぶ傾向にあります。しかし、もちもちとした食感が得意ではないという方もおり、そういう場合はジャスミンライスを選ぶことが多いようです。ちなみに我が家は、パラパラ派の夫ともちもち派の私による白熱した交渉の結果、夫からこれなら大丈夫といわれた錦を、そして和食以外で米を食べる時は、ジャスミンライスを使っています。

リゾットに使われることが多い短粒種のアルボリオ米や、長粒種のジャスミンライスやバスマティライス、正しくは米ではなくイネ科の植物の実ですが、ワイルドライスも普通に購入でき、値段も手頃です。ジャスミンライスやバスマティライスにはアメリカ産のものもあり、その多くがルイジアナ産です。

ルイジアナ州には、水田で米を育てながら食用ザリガニを養殖している農家の方がいらっしゃいます。稲が小さなうちは鳥などの外敵から狙われ、日陰がないことで水温も上がりやすいので、稲がある程度の高さに成長するまで待ってから、ザリガニを広大な水田に放ちます。米の収穫期になると、巨大な機械で米を刈り取り（ザリガニは泥土の中に隠れています）、最後に田んぼを60㌢深さの水で満たしてザリガニを収穫します。その後、加工工場で水洗いして基準を満たしたサイズのものが、南部各地のシーフード店などに生きたまま出荷されます。

たまにルイジアナ産の米でジャンバラヤなどを作っていると、この米と一緒にザリガニも育ったのかなあと想像してしまいます。

現代の日本ではとても珍しいものとして、パーボイルド・ライス（Parboiled Rice）があります。コンバーテッド・ライス（Converted Rice）と呼ぶこともあります。これは、水に浸漬させた殻付きの米を蒸したあと乾燥させて精米したもので、普通の生米より透

明感があり、ベージュやベージュブラウンの色調をしています。元々は脱穀を楽にする方法として編み出されましたが、蒸している間にぬかのミネラルやビタミン（特にビタミンB1）が胚乳に移るので、玄米並に栄養が豊富になる上に、熱により酵素の働きが抑えられるため、長期保存も可能になります。

この方法で精米したものは、長粒種米はどんな水加減でもパラパラに炊けるのでピラフに向いており、中粒種はパラパラな中に少し粘りが感じられるため、パエリヤ向きです。どちらも、普通に精米したものより水が多めに必要です。

ちなみに日本では、江戸時代に九州を中心として、この製法が用いられていたそうです。

渡米直後、カリフォルニア州の南端から北西部のワシントン州まで車で移動したことがあります。毎日のファストフードランチで疲れ切っていたある日、休憩と給油のために立ち寄ったガソリンスタンド内に、アジア系の方が作っている持ち帰り専用の寿司屋を発見しました。ふらふらと引き寄せられて適当に巻物を注文。日本から来たばかりだと伝えると、アジア人には短い米が必要だと、ちょっとおまけしてくれました。あの時のお兄さん、ありがとう。短い米は美味しかったです。

求む、日本風のキメの細かいしっとり食パン

もう10年ほど前になりますが、車で15分ほどのご近所にある寝台車を見学に行ったことがあります。列車というと車庫（格納庫）にまとめて保管してある印象がありますが、見に行ったものは個人や会社が保有している数台だけの小規模なもので、要請に応じて一般の車両と連結して使用します。

その中の一台はかつてオバマ元大統領も選挙キャンペーン中に利用したそうで、中は立ち入り禁止だったのですがサイトの写真を見ると、豪勢な作りになっています。これらには、食堂とキッチンも備えられているタイプや、料理専用の車両があり、そのキッチンで1800年代に生まれたのが、プルマン・ローフ（Pullman Loaf）や、プルマンブレッド（Pullman Bread）とも呼ばれる日本の食パンのルーツであるプルマンブレッドです。

この名前は、豪華寝台車を作って一時代を築いたアメリカの会社、ザ・プルマンカンパニー（The Pullman Company）の創業者で、発明家兼実業家でもあるジョージ・M・プルマン氏にちなんで名付けられました。

今の感覚ですと、パンなんて持ち込めばいいじゃないかと思われるでしょう。しかし、プルマンブレッドが作られた当時は、今ほど交通や流通が整っておらず、停車駅で簡単にパンが調達できる環境ではなかったため、長距離の移動時間を生かして自分たちで焼くことにしました。

オーブンの限られたスペースで効率良くパンを焼くには、奥行きを生かしつつも幅は取らないことが大事で、そうすると形はおのずと決まってきます。そう、蓋付きの長方形です。型そのものは、イギリスのパン型メーカーがクラスト（この場合はパンの耳のこと）を薄く仕上げるために作ったもので、プルマン氏がこれなら狭い車両内のオーブンでも効率良く焼けるのではと目を付けて採用したそうです。

これがアメリカだけでなく世界中に広まり、日本にも伝わったのですが、伝言ゲームの間に色々な改良が行われました。まず大きさです。アメリカのプルマンブレッド（一般的にはサンドイッチブレッドと呼ばれます）は約10×10センチと小ぶりです。対して日本のそれは一回り大きめ。そして発酵時の生地の成型方法が違います。

日本の場合、生地を３～５等分に分けて長方形に伸ばし、中央に向けて左右から折り畳んで端から巻いて型に詰めてと、工程が多めです（工場生産の場合は、伸ばして丸太状に巻いた生地をＵ字型やＭ字型に折り畳んで型に入れます）。すると、きめ細かなもっちりとした生地に仕上がります。

アメリカの場合は、生地を型の長さに合わせて横長に伸ばし、手前にクルクルと巻いた長細い丸太状の形で型に入れて醗酵させます。アメリカのプルマンブレッドを含む食パンは、効率を優先したためか手間のかかる工程を行わないため、日本のものに比べるとキメが粗めです。さらにサンドイッチを目的としたものなので厚みはなく、８枚切りよりもさらに薄い約１・２チセン厚がスタンダードです。

おまけに、世界中に広まっている間に本家のプルマンブレッドは勢いを失くし、蓋を外す手間を省いて効率化を図ったため、蓋なしで焼くサンドイッチブレッドが主流になりました。

米は、カリフォルニア産のなかなか美味しい短～中粒種が手に入りますが、日本風の食パンはアメリカの一般スーパーでは手に入りません。厚いものが欲しい場合は、プルマンブレッドのように蓋をして四角く焼いたテキサストーストという厚切りカットのものが少し割高で手に入ります（同じ名前の厚切りガーリックトーストもあるので注意）。ただし、せっかく厚切りになってもパンの作り方は変わらないので、蓋なしのものに比べるとマシですが、やはりキメは少々粗いままです。

都会の日系人、香港や台湾系の人々が多く住むエリアなら日本風の食パンが手に入りますが、田舎ではそれはほぼ不可能。となると、不満を抱えながら一般のスーパーで手に入るものでなんとかするか、自力で解決することになります。つまり自作です。

アメリカ在住の日本人家庭におけるブレッドマシーン（ブレッドメーカー）保有率は驚くほど高く、いかに皆が日本のパンに飢えているかが分かります。

アメリカ式パスタ料理

日本でクリームソース系のパスタといえば、真っ先に挙げられるのがスパゲティ・カルボナーラだと思います。ではアメリカはというと、フェットチーネ・アルフレッド（Fettuccine Alfredo）です。

フェットチーネ・アルフレッドは、イタリアはローマのレストラン、リストランテ・アルフレード（Ristorante Alfredo／現在はアルフレード・アラ・スクロファ〔Alfredo alla Scrofa〕）の名物料理で、フェットチーネにパルミジャーノ・レッジャーノとバターを絡めた料理です。元々はイタリア家庭料理の「バターを絡めたフェットチーネ」を意味するフェットチーネ・アル・ブッロ（Fettuccine al burro）という名前でした。

１９０７年頃に料理人のアルフレード・ディ・レーリオ氏が産後の食欲不振の妻のためにバター多めでこれを作ったことが始まりで、１９１４年にレストランを開店するにあたり彼の名前にちなんで名付けられました。

この料理はアメリカ人旅行者の間では1922年頃から徐々に人気が出始め、旅行雑誌でも紹介されていたのですが、1927年にアメリカ人俳優のダグラス・フェアバンクス氏と妻のメアリー・ピックフォード氏が新婚旅行でローマを訪れた際にそれを食べてとても気に入り、アメリカに戻って友人やハリウッドの関係者に広めました。その後、パスタメーカーの商品パッケージにレシピが掲載されたり、アメリカスタイルのイタリア料理店オリーブ・ガーデン（Olive Garden）のメニューに取り入れられたことなどで認知度が高まり、今やアメリカでは誰もが知っている存在です。

オリジナルは、30秒で茹で上がる薄い生フェットチーネを使っていますが、アメリカではスパゲティやペンネなどなんでもありです。ソースもオリジナルは前述の通りパルミジャーノ・レッジャーノとバターですが、アメリカではにんにくの香りを付けた生クリームを軽く煮詰めてパルメザンチーズやペコリーノ・ロマーノなどを混ぜ入れる方法が多く、ソースの量を増やすために濃度が薄めのホワイトソースにパルメザンチーズを加える方法もあります。日本のカルボナーラも生クリームを入れるので、異国で進化する共通点が生クリームとはとても興味深いです（イタリアでは、生クリームは入りません）。

近頃の定番はアルフレッドソースで絡めたペンネの上に、ケイジャンスパイスをまぶしてグリルしたエビや鶏肉がのっているもので、もはやアメリカ料理の扱いです。

マーサ・スチュワート氏と仲良しで、アメリカでは料理好きとしても知られているラッパーのスヌープ・ドッグ氏（私は親しみを込めてスヌープ先生と呼んでいます）が出したベストセラーの料理本『フロム・クルック・トゥ・クック（FROM CROOK TO COOK）』に、フェットチーネ・アルフレッドのレシピがあったので、先日レシピ通りに作ってみました。

まず、にんにくとスライスレモンの香りを移したバターでエビを炒めて取り出し、同じフライパンで塩を加えた生クリームを軽く煮詰めます。そこにパルメザンチーズと茹でたフェットチーネ、炒めたエビとおろしたレモンの皮を入れて混ぜ合わせ、仕上げに黒胡椒と追加のパルメザンチーズを振って出来上がりです。それは、こんなに濃厚なのにスヌープ先生は何故あんなに痩せているのだろうと羨ましくなる味でした。レモンの香りがとても爽やかだったので、いつも通り作る時も、真似をしてレモンの皮を入れるつもりです。

アメリカの家庭では、この料理を作る際は瓶詰めのアルフレッドソースがもっぱら使われます。特にベルトーリ（Bertolli）のものが有名で、製造自体はアメリカのミツカンが担当しています（余談ですが、アメリカの方は日本語の「ツ」の発音が苦手なので、ミツカンは「Mizkan」、マツダは「Mazda」と表記します。私の名前にも「ツ」が入るので、時々困ることも……）。

これはこれで簡単なのですが、ちょっと物足りない味なので、我が家ではパルメザンチーズやソーセージ、ハムなどを足しています。これなら濃厚すぎないので、そこまで後ろめたく感じず食べることができます。

粉売り場で立ち尽くす

アメリカでお菓子作りをしようとスーパーへ行くと、小麦粉の種類がいくつもあるので、初見の方は混乱すると思います。今からご説明しますので、次ページの表と照らし合わせながら、読み進めてください。

ケーク・フラワーは薄力粉のことで、スポンジケーキや日本の薄力粉を使うレシピは全てこれで賄えます。アメリカの一般家庭では使用量が少なく、紙箱に入って売られており、手に入るのは基本的にビタミンやミネラル分で栄養強化された漂白タイプです。

ペイストリー・フラワーは薄力粉と中力粉の中間にあたるもので、折り込みパイやデニッシュ、月餅や栗まんじゅうのような生地作りに向いています。一般的なスーパーでは取り扱っていないことが多いので、目的によって薄力粉、中力粉のそれぞれを単品で使用するか、薄力粉と中力粉を半量ずつ、または中力粉にコーンスターチ適量を合わせてふるったもので代用できます。こちらも基本的に漂白タイプのみです。

ケーク・フラワー（Cake Flour）

薄力粉　たんぱく質含有量7.5～9パーセント

ペイストリー・フラワー（Pastry Flour）

薄力粉と中力粉の間　たんぱく質含有量 8～10パーセント

セルフライジング・フラワー
（Self-Rising Flour）

小麦粉にベーキングパウダーと塩を加えたもの
たんぱく質含有量 8～10パーセント

オールパーパス・フラワー
（All-Purpose Flour）

中力粉　たんぱく質含有量10～12パーセント

ブレッド・フラワー（Bread Flour）

強力粉　たんぱく質含有量12～13パーセント

ホール・ウィート・フラワー
（Whole Wheat Flour）

全粒粉　たんぱく質含有量 13～14パーセント

オールパーパス・フラワーは中力粉のことで、アメリカでは一番消費量が多くダマになりにくくて取り扱いが簡単なため、万能小麦粉の扱いです。栄養強化された漂白したものと無漂白の二種類に分かれて紙袋に入って売られており、パッケージの作りが雑なのでよく端から粉がこぼれています（強力粉なども）。漂白したものは無漂白に比べて若干たんぱく質含有量が減るので、オールパーパス・フラワーのみで柔らかめの生地を作りたい時は、漂白タイプを選ぶと良いでしょう。

南部料理の本によく登場するセルフライジング・フラワーは、ペイストリー・フラワーくらいのたんぱく質含有量の小麦粉に、ベーキングパウダーと塩がブレンドされたもので、アメリカのビスケットやパイ生地作りの場合は、これにバターやショートニングといった油脂、バターミルクか牛乳などの水分があればすぐできるので、南部では何かと重宝されています。

ちなみに、イギリス英語圏にはスコーン作りなどに使用されるセルフレイジング・フラワー(Self-Raising Flour) があり、これは中力粉（イギリス英語圏ではPlain Flour）にベーキングパウダーを加えたもので、基本的に塩は含まれません。日本人から見ればアルファベット1文字の違いなのに、ややこしいです。

ブレッド・フラワーは強力粉のことで、その名の通りパン作りに向いています。ただし南部のディナーロールや日本のちぎりパンのように柔らかく仕上げたい生地の場合は、オールパーパス・フラワーの方が向いています。

ホール・ウィート・フラワーは全粒粉のことで、インドのチャパティや、小麦の味を感じられ食べ応えのあるパンを作る時に向いています。たんぱく質含有量は13～14パーセントありますが、外皮のふすまと、その内側にある胚芽がグルテンの形成を阻害するので、全粒粉１００パーセントでパンを作ると生地がベタベタで焼いても膨らみが悪く、どっしりとした仕上がりになります。この場合は、粉の全体量を25～50パーセントにとどめるか（残りは強力粉）、グルテン粉を足して膨らみを助ける必要があります。

アメリカにおいてベーキングに本気の方は、キング・アーサー（King Arthur）という、小麦の委託生産および、非栄養強化小麦粉の製造販売を行っているメーカーのものを使うことが多いのですが、ここの粉類は全て無漂白で他社のものよりたんぱく質含有量が多く、グルテンが形成されやすくなります。そのため、一般的なレシピで作る際は注意が必要です。以前、ここのブレッド・フラワーでベーグルを作ろうとしたところ、普段のレシピでは全く水の量が足りず、これがたんぱく質含有量の違いかと驚きました。

南部を中心に販売しているホワイト・リリー（White Lily）のオールパーパス・フラワーはたんぱく質含有量9パーセントの薄力粉とペイストリー・フラワーに相当する栄養強化された漂白小麦粉で、ビスケットやケーキ、パンケーキ、パイ生地などが軽く仕上がります。私はこの小麦粉のヘビーユーザーで、なんならこれにグルテン粉を足して、中力粉や強力粉の代用にすることもあります。

これで違いが分かっていただけたでしょうか。皆様の美味しい小麦粉生活を陰ながらお祈りしております。

We Love Tofu!

今やアメリカのスーパーで当たり前のように売られている豆腐ですが、並び始めた１９８０年代当初は、「味がない」や「食感が苦手」などと、アジア人以外の購入者は少なかったようです。そのため、当時は常温保存タイプの充填豆腐《じゅうてんどうふ》（液体をそのまま容器に流し入れ、加熱して固めたもの）がアジア系食料品コーナーで買えるくらいでした。しかし、健康志向や１９９０年代の日本食ブームの後押しもあって、宗教上、健康上、ダイエット目的などで購入する人が少しずつ増え、野菜売り場の隅にある冷蔵コーナーの常連になりました。

アメリカの豆腐の種類は日本のそれより若干多く、絹ごしにあたるシルケン（Silken）またはソフト（Soft）、木綿豆腐にあたるミディアム・ファーム（Medium Firm）、それより少し固めのファーム（Firm）、さらに、沖縄の島豆腐と同様の固さのエクストラ・ファーム（Extra Firm）、近頃は、もっと固いスーパー・ファーム（Super Firm）が登場しました。メーカーによっては、エクストラ・ファームをスーパー・ファームと呼んでいるところもあります。
　しかし、全て揃っているところはあまりなく、各スーパーは売れ行き具合を見ながら、シルケンと、エクストラ・ファームの2種類を中心に展開しているところが多い印象です。

　使い方や調理法を見てみると、冷や奴や湯豆腐といったそのままシンプルに食べる料理は少なく、シルケンはペースト状態に潰してドレッシングや低脂肪マヨネーズの材料に用いたり、ベシャメルソースのようなとろみ付けの代用としてシチューやソー

スに加えたり、フルーツと一緒にミキサーにかけてスムージーにしたり。または溶かしたチョコレートと合わせてムース風などと、そのまま食べるよりも、柔らかさの特性を生かしながら使うことが多いようで、シルケン豆腐のパッケージには、スムージーの写真が掲載されていることが多いです。

ミディアム・ファームになると、薄く切ったものはモッツァレラチーズの代用としてカプレーゼに、粗く潰したものは、スクランブルエッグや挽き肉の代わりに、またはリコッタチーズの代用としてラザニアに使用したりとおかず系が増え、ファームとエクストラ・ファームは、角切りやスティック状に切って揚げ、中華風の味付けのソースに絡めたり、パプリカや赤玉ねぎのようなカラフルな野菜と一緒に串焼きにしたりと肉の代用扱いです。

スーパー・ファームになると焼きすぎた鶏胸肉くらいの固さがあり、煮込みに使ったり、植物油、少量のりんご酢、塩と一緒にハンドブレンダーでなめらかになるまで潰して、ベジタリアンクリームチーズにするなど、それぞれの固さに応じて日本人にはなかなか想像できない色々な料理に仕立てます。

ローカルのものを含めればメーカーもたくさんあり、近所のスーパーでは全米一のシェアを誇るNASOYAの製品をよく見かけます。全米展開のものは消費期限がなんと2ヶ月くらいあり、日本の豆腐に比べてあまりにも長いので驚きますが、特別な保存剤が入っているわけではなく、低温加熱殺菌技術により雑菌が繁殖しにくく、長期保存が可能なのだそうです。

日本の食品会社も頑張っています。元々はカレーの普及のため、ハウス食品が1980年代初頭に立ち上げたハウスフーズアメリカ（House Foods Holding USA Inc.）は、アメリカの日系豆腐メーカーとの出会いを機に、豆腐の製造販売を始めました。アメリカにおいて、ハウスフーズはカレーのメーカーではなく、豆腐のメーカーとして知られています。日本でハウス食品製の豆腐は見かけないけど？と思われた方。日本には中小企業を保護するための法律、略称分野調整法があり、この場合、町の豆腐店を守るために日本のハウス食品は大規模な豆腐作りに参入できません。しかし、アメリカでは適応外なので問題なく作れるというわけです。それぞれの企業が切磋琢磨してくれるおかげで、アメリカでも気軽に豆腐を食べることができているのです。

ただ、贅沢をいうと、まだ厚揚げ、薄揚げ（油揚げ）といった豆腐加工食品は一般的ではなく、これらはアジア系食料品店に行かないと手に入りません。味付け済みの焼き豆腐なるハイブリッド品は登場したので、その他の豆腐食品も是非とも頑張ってもらいたいところです。

こだわりの牛挽き肉

スーパーで牛挽き肉を購入する時は、どうやって選びますか？　なんとなく鮮度が良さそうな見た目に、消費期限、値段などを鑑みて購入するのが一般的ではないでしょうか。

アメリカの牛挽き肉は、それにもうひとつプラスされます。それは脂肪の含有量です。店によって割合の数字は上下しますが、近所のスーパーで買えるのは、下の3種類です。

値段、使用目的もそれぞれ変わり、基本的に脂身の多い方が安く、赤身の割合が増えるほど値段は上がります。

グラウンド・チャック（Ground Chuck）

牛肩肉や首肉を使用 赤身80㌫＋脂身20㌫

グラウンド・ラウンド（Ground Round）

牛の腰の部位やテール肉を使用 赤身85㌫＋脂身15㌫

グラウンド・サーロイン（Ground Sirloin）

牛サーロインを使用 赤身90～93㌫＋脂身7～10㌫

格安なものにはすね肉などを使用したハンバーガーミート（Hamburger Meat）、または単にハンバーガー（Ground Beef とも）と呼ばれる赤身73パーセント＋脂身27パーセントの挽き肉もありますが、あらゆる部位の筋や脂肪をトリミングした残りで作られており、食感がイマイチなのと大量の脂で胸焼けするので、今回は除外して話を進めます。

ちなみに、牛挽き肉の脂身は30パーセント以下と、アメリカの連邦法で定められています。アメリカでの牛挽き肉の使用量はかなり多いようで、一番小さな４５０グラム入りのパックから約1・3キログラム入りまであり、それぞれ3種類に分類されるので売り場はかなり大きめに取られています。

赤身80パーセント前後のグラウンド・チャックは、脂の香りを生かし、かつジューシーな仕上がりになるので、主にハンバーガーのパティに使われます。牛脂が多いと焼き縮みが大きく生じるため、パティにする場合は、焼き上がり予定の1～2回り近く大きめに成形した方が良いでしょう。脂を落としながらグリルで焼いたパティはとても香ばしくて牛脂の甘みが感じられます。他に、ミートボール、ピザのトッピングにも向いています。

赤身85パーセント前後のグラウンド・ラウンドはオールラウンダーで、グラウンド・チャックに比べると香りは劣りますが、タコスのタコミートやチリ、ラザニア、ミートソース、スロッピージョー（Sloppy Joe／ミートソースやタコスに似た煮込み。バーガーバンズに挟んで食べます）、煮込みハンバーグなどきちんと味付けする料理に向いています。炒めたり焼いたりしている間に牛脂が出てくるので、必要に応じてすくい取るか、キッチンペーパーで拭き取ります。赤身93パーセントのものを使えば脂切りの必要がないからそれで良いのではと思い、タコミートを作る際に試してみたことがありますが、しっとり感がなくパサッとした仕上がりになりました。

赤身90～93パーセントのグラウンド・サーロインは加熱しても脂がほとんど浮いてこないため、あっさりと仕上げたいものに向いています。冷めても脂っぽくならないので、お弁当用のスコッチエッグや牛そぼろにも良さそうです。我が家では、夫の好みでこれを使ってミートソースを作っています（264ページ参照）。

赤身が多いと、たんぱく質、亜鉛、ビタミンB^6、鉄分の含有量が上がり、カロリーは軽減されますし、胃もたれも少なくなります。

アメリカでは、牛挽き肉を使った手軽な料理のひとつに、ハンバーガーヘルパー（Hamburger Helper）という牛挽き肉を用意するだけでメイン料理が約４人分できる粉末ソースとショートパスタの紙箱入りキットがあり、これは子どもから大人まで定番人気です。ハンバーガーと書いてありますがパティにするわけではなく、牛挽き肉や細かく刻んだ牛肉のことを指しています。

同じく先述のスロッピージョーも子どもに人気で、一番簡単なのは、炒めた牛挽き肉に缶詰のスロッピージョーソースを混ぜ入れるだけです。以前はこの缶詰に牛挽き肉も入っていると思っていましたが、単なるソースだけでした。どうりで安いはずです。

日本でもレストランのメニューに取り入れられるようになってきましたが、中心が半生のハンバーガーパティやハンバーグがあります。家庭で真似しようと市販の牛挽き肉を買いかけた方、または買ってしまった方。同じように調理することは絶対に止めてください。牛挽き肉は酸化が早く、傷みやすいので半生調理には不向きです。

どうしてもという場合は鮮度の良いステーキ用の肉を選び、調理する直前に挽き肉にして調理後は速やかに食べるくらいの意識でいてください。アメリカでも、ハンバーガーパティをグリルで焼いてきちんと温度確認をしないまま食べ、お腹を壊す人は毎年必ずいます。

このように、アメリカでは牛挽き肉の脂肪分には非常にこだわりますが、豚や鶏の挽き肉はというとそれぞれ1種類ずつのみで、この偏りは一体なんなのだろうといつも不思議に思っています。

豚バラが欲しいだけなんです

かれこれ20年近く前の話です。北フロリダに引っ越してきて半年ぐらい経った頃、近所のスーパーの精肉売り場を見渡しながら、品揃えは悪くないんだけど、アレがあると最高なんだけどなあ、と思っていました。「アレ」とは、日本のスーパーには普通にある豚バラ肉です。

アメリカでは、豚バラ肉はベーコンに加工されることが多く、アジア系や中南米系の方が少ない地域では、一般スーパーで豚バラ肉を見ることはめったにありません。近所にあるフロリダ発祥のスーパー、パブリクス（Publix）では肉や魚のお取り寄せができると聞き、早速ブッチャーさん（肉屋さんや、精肉担当者の意味。昭和のプロレスラーのことではありません）をつかまえて聞いてみました。

「ポーク・ベリー（Pork Belly／豚バラ肉）が欲しいのですが、取り寄せてもらえませんか？」

するとあっさりOKが出たので連絡先を告げ、待つこと1週間。しかし、待てど暮らせど連絡はありません。

痺れを切らして翌週に再び精肉コーナーへ出向き確認してみると、届いてるよとのこと。早くそれをいってくれと思いつつ、ついに豚バラ肉が手に入るとワクワクしながら売り場で待つことしばし。奥からブッチャーさんが手に持ってきたのは、トレーに入った豚の胃袋でした。「私が欲しいのは豚バラ肉なんですが」と困惑しながら告げると、これがポーク・ベリーだというのです。えー、辞書には豚バラ肉はポーク・ベリーって書いてあるじゃん！と、混乱する私。何事かと奥からわらわら出てくる他のブッチャーさん数名。豚バラが欲しいだけなのに、大事《おおごと》になっていませんか？

ここまで来たのなら諦めるものかと、丁度すぐ近くにあったソルトポーク（Salt Pork／野菜や豆の煮込みに使う豚バラ肉の塩漬け）の真空パックを手につかみ、「私が欲しいのは、この部位の何も調味されていないものです」と訴えました。

するとひとりのブッチャーさんが、その部位はフレッシュサイドポーク（Fresh Side Pork）と呼ぶんだよと教えてくれました。地域によって呼び名が違うのかと衝撃を受けつつ、「では、そのフレッシュサイドポークを取り寄せてください」とお願いしました。やはり1週間経っても連絡は来ないので、店頭で確認するとまだ届いてないとのこと。それを3回ほど繰り返し、やっと豚バラ肉の塊が手に入りました。思いがけないことに大好きな皮付きです。大喜びの私は、定期的に注文するようになりました。数回目の受け取りついでにスライスしてもらえるか聞いてみたところ、これまたあっさりOK。もう無敵の気分です。

スライスしてもらったそれは厚切りの約7ミリでしたが、散々時間をかけてここまでたどり着いたので、これ以上の贅沢はいいません。私がしつこく豚バラ、豚バラというからか、もしかしてこれは売れるのでは?と思われたようで、ものは試しにと店頭に並べたところ購入者がいたらしく、以降、そのスーパーではブロックと厚切りにスライスされた皮付きの豚バラ肉が常設で売られるようになりました。

後日談ですが、数年後にパックの表記を見ると、フレッシュサイドポークからポークベリーに変更されていました……。

魚は高級品

刺身にできるほど鮮度の良い魚が安価で売られている日本。一時帰国する度に、スーパーの魚売り場をなめるように見ています。多種多様な刺身の盛り合わせがあり、早めの時間に行けば、一尾を刺身用におろしてもらえます。焼き魚や煮魚用として売られている尾頭付きの魚は、目がキラキラしています。閉店時間が近くなると、激安で刺身や寿司が売られており、海外住まいの人間から見れば夢のような光景です。

アメリカのスーパーを訪れると、鮮魚コーナーとは呼べない魚売り場はあるにはありますが、肉売り場に比べると3分の1、いや4分の1ぐらいでしょうか、とてもスペースが小さいです。どのスーパーでも売り場の割合が一緒かと聞かれるとそうではなく、高級スーパーは対面式の生魚コーナーが広めに取られており、格安スーパーになると生魚は置かず、潔く全て冷凍というところもあります。

生で売っている魚は種類が少なくて解凍品が多く、売れ筋はマグロとサーモンです。量り売りの値段を見ると肉よりもかなり高いので、この鮮度と質でこの価格!?と驚きます。

あまり質が良くないのに高級品だなんて、魚の国で育った人間としてはなかなか受け入れがたい現実です。鮮度が良くないので頭を落として切り身にしていることが多く、魚の目の色やお腹の張り具合で鮮度を確認することはめったにできません。生魚売り場の横に冷凍の魚コーナーがあり、冷凍品は生より品揃えが多めでお値段も少しだけ安価です。

冷凍で置いてあるのは、魚だとマグロ、皮付きと皮なし2種類のサーモン、鱈、淡水魚のティラピア、舌平目、金目鯛の仲間のレッドスナッパー、ナマズの親戚スワイなど。これらは皮なし骨なしのフィレや切り身で、それぞれ真空パックになっています。解凍して取り出すと身割れしているものも結構あり、日本基準だとはねられるだろうなあと思います。

甲殻類になると断トツ人気はエビで、小エビからエビフライサイズまでサイズごとに分けられ、無頭の殻付きと殻なしの生と、殻なしの加熱済みのものが売られています。他に、殻と貝ひもは処理済みのホタテなどの貝柱、殻付きハマグリ、頭付きと頭なし2種類のロブスター、何故か脚しか売っていないアラスカ産のズワイガニ、味なしと味付け済みのムール貝などがあります。

アメリカ南部でも、ディープサウスと呼ばれるエリア独特のものもあり（北フロリダはディープサウスに分類）、皮なしの養殖ナマズ、殻付きとむき身2種類の食用ザリガニ、処理済みの食用蛙、処理済みで一口大にカットされたワニ肉なんかもあります。

他の魚に比べると足が早いためか冷蔵、冷凍に関わらずサバやアジのような青魚は置いてありません（日系、韓国系の食料品店に行くと冷凍で購入可能です）。

青魚の取り扱いがないので寂しいなと思っていたところ、常温の売り場で見つけました。缶詰製品です。水煮とトマト煮のサバ、オリーブオイル煮のイワシ、アンチョビ、マスタード入りやトマト入りのニシンもありますし、水煮しかないツナ缶、スモーク、トマト、レモンなどの風味を付けたパウチ入りのツナなど、かなりの種類があります。さらには、同じ売り場でオリーブオイル煮のタコ、スモークした牡蠣も見つかるというおまけ付きです。なるほど、青魚が食べたい時は缶詰かと気が付き、以降我が家の食料品棚に魚関係の缶詰が常備されることになりました。

フロリダなら新鮮な魚がたくさん手に入るのではと思われるかもしれません。確かに海側に行くとレストラン併設のフィッシュマーケットがありますし、映画『フォレスト・ガンプ』に出てきたエビ漁専門の船がたくさん並んでいます。

ですが、本当にいいものは高値で買ってくれる都会や海外へ売られてしまうので、生のものでも納得がいきませんでした。中央や南フロリダだとまた品揃えが違うのかもしれません。

一時期、刺身で食べられる鮮度の魚を探して魚屋巡りをしましたが、アニサキス対策のため、刺身用の魚(主にマグロとサーモン)は一度冷凍したものを販売することが義務付けられています。ただ、これも臭いが強めで加工しないと食べづらいので、高値を出してまでこだわるのは私には不要だと考え、寿司を食べたい時は中華&寿司ビュッフェへ行き、普段は手頃な値段で買える冷凍や缶詰で十分と割り切り、一時帰国の際に寿司や刺身ばかり食べています。

アメリカのスイートポテト

昔々あるところに、渡米して間もない日本人がおりました。アメリカのスーパーで「スイートポテト（Sweet Potato）」と書いてある根菜を見つけ、見た目からして甘いさつまいものことだろうと思って購入し、包丁で切るとクリームがかったオレンジ色。ほー、アメリカのさつまいもはこんな色なんだと思いつつ、調理をしました。すると、水っぽくてホクホク感が全くない、なんだかよく分からないものが出来上がり、誰も幸せになりませんでしたとさ。

アメリカのスイートポテトは日本のさつまいもとはかなり異なります。調理したものの味や食感は、茹でた人参とさつまいもの中間といったところで甘さ控えめ。水分が多くてでんぷん質が少なく、アメリカの感謝祭やクリスマスには欠かせない食材のひとつですが（173ページ参照）、煮物など日本風の調理法で扱うと様々な点で残念な仕上がりになるので、全く違うものだと思って調理するのがベストです。これで、いきなり団子（輪切りのさつまいもと小豆餡を、小麦粉の生地で包んで蒸した熊本の郷土おやつ）や大学芋、天ぷら、干しいもを作ってみましたが、どれも手間と時間を返してほしいと思う仕上がりでした。

スイートポテトは丸ごとローストして縦半分に割り、そこにたっぷりシナモンバターを塗った食べ方が一番簡単です。同じくローストしてから丁寧に潰してピュレにし、ブラウンシュガー、卵、溶かしバター、シナモンと少量のクローブで味付けしたフィリングをパイ生地に流して焼くと、アメリカスタイルのスイートポテトパイになります。

日本風のさつまいもが欲しい場合は、品揃えの良いスーパーやアジア系食料品店で、「ジャパニーズスイートポテト」と表記してあるものを選びましょう。とあるスーパーでは、「ムラサキスイートポテト」と書いてあるスイートポテトが売っていました。日本語でわざわざ紫と書くということは、紅芋や紫芋のことかなと思って購入してみたところ、単に皮が紫っぽい日本風のさつまいもで、詐欺にあったような気分になりました。紅芋（紫芋）は、パープルスイートポテトや、オキナワンスイートポテトの名前で同じくアジア系食料品店にて購入可能です（沖縄から輸出しているのではなく、沖縄系移民が多いハワイ経由）。

南部料理やソウルフードなどに興味がある方なら、ヤム（Yam）という名前を聞いたことがあると思います。スイートポテトのことをヤムだと思っている方は多いでしょう。アメリカ人でもそうだと思っている方がいらっしゃいます。私もかつてはそうでしたが調べてみると、そうではありません。

ヤムは山芋の一種で、皮はごわごわしてずっしり大きく、薬のカプセルのような楕円体をしています。でんぷん質豊富で甘みが少なく、調理すると日本の山芋や長芋のようなホクホクした仕上がりになる根菜で、フィリピンの紫山芋、ウベ（Ube）もヤムの一種です。ヤムはアフリカ原産で、スイートポテトは中南米原産と別々のものですが、アメリカで奴隷にされていた西アフリカの人々が手に入りにくかったヤムの代用としてスイートポテトを使用し、それをヤムと呼んだことで、数百年続く混乱が始まったといわれています。そのため、ヤムのことは本物のヤムを意味するTrue Yamと呼ぶことがあります。スイートポテトは南部の土壌と相性が良く、現在もアメリカのスイートポテトの生産地は南部に集中していますが、ヤムとは相性が悪く、こちらは主にカリブの島々や中米で育てられています。輸入食材にあたるためか、ヤムは全米どこでも購入可能というわけではなく、カリブ系の食料に強いスーパーや、専門店で手に入ります。

ヤムは焼いて良し、揚げても良しで、他にもとろろ芋みたいにならないかなとフードプロセッサーでおろしてみたところ、変色はしやすいですが十分使えるものになったので、我が家ではしばしば大阪風お好み焼きのつなぎや、海苔で巻いて山芋の磯辺揚げもどきにして使っています。南部を中心に展開しているフロリダ発祥のスーパー、パブリクス（Publix）では、ヤムとの混乱を避けるためか、スペイン語のニャーメ（ñame）と表記しています。混乱は海外にも及んでいるようで、シンガポールやマレーシアではタロイモのことをヤムと呼ぶそうです。ちなみに長芋の英語名はChinese Yamで、日本にもヤムがあるのでした。

柑橘大好き

南部に移住してから積極的に食べるようになったものに柑橘類があります。かつては初冬から晩春にかけてしか手に入らなかったアメリカ産のみかんが、気が付けばほぼ通年手に入るようになりました。

マンダリン・オレンジ（Mandarin Orange）とポメロ（Pomelo／ザボン、文旦）の交配種である温州みかんの英語名はサツマ・マンダリン（Satsuma Mandarin）で、１８００年代後半に鹿児島からフロリダ経由でアメリカに入ってきたことによりこの名前になったといわれています。このサツマにちなみ、テキサス、ルイジアナ、アラバマ、フロリダの４州にサツマという名前の町があります。

温州みかんはサツマ・タンジェリン（Satsuma Tangerine）とも呼ばれるのですが、マンダリンとタンジェリンは近い種類で別物だそうです。さらにクレメンタイン（Clementine）というものもありますがやはり別物で、どれも同じような見た目と味です。

ぽっこり出たおへそが特徴的なタンジェロ (Tangelo) は、タンジェリンとポメロやグレープフルーツを掛け合わせたもので、もう少し皮はなめらかですがデコポンに似た見た目をしていて、その中でもブランド品であるミネオラ (Minneola) は冬の贈答品として人気があります。デコポンはアメリカでも栽培されており、カリフォルニア産のデコポンがスモウ・シトラス (SUMO Citrus) という名前で一部のスーパーのみですが手に入ります。他のものに比べると高級品なので手を出しづらく、シーズン中に1、2回購入し、食べ終わった皮も砂糖漬けにして余すところなくいただいています。

みかんの類いは種なしが圧倒的に好まれるので、袋にも種なしであることが売りとして表記されています。アメリカ産の缶詰みかんも普通に買え、デザートなどに使うのはもちろんのこと、サラダのトッピングに使うこともあります。だいたいその時は、アーモンドのスライスも一緒です。

お手頃価格の充実したプライベートブランド食品、ワイン、エコバッグが人気のスーパー、トレーダー・ジョーズ (Trader Joe's) では、小房ごと乾燥させたドライマンダリンが売られています。

アメリカでは西海岸側のカリフォルニアと東海岸のフロリダの2州が柑橘の生産が盛んな地域で、一般家庭でも柑橘類を育てているお宅が多いです。カクテルツリーと呼ばれるレモン、ライム、オレンジを接ぎ木したものがあり、1本で3度美味しい感じがしますが、違う種類同士で交配して味が変わるのではないかと懐疑的な見方をしています。

我が家では、後述の四季柑とマイヤーレモンを育てており、まだまだ小さいですがシークヮーサーと柚子もあります。収穫時期になると、夫の職場の方やご近所さんと物々交換するのが楽しみのひとつです。

沖縄で四季柑と呼ばれるフィリピンの方が大好きなカラマンシー（Calamansi）は、マンダリン・オレンジと金柑の交配種で、アメリカでは、カラマンシーの古い名前であるカラマンディン（Calamondin）と呼ばれることがあり、我が家でもそう呼んでいます。特にフロリダで人気があり、ホームセンターで鉢植えが購入可能です。通常は青い未熟果をジュースや料理に使いますが、1900年代のフロリダでは、種を取り除いた完熟の果肉を房ごとピュレにしてケーキ生地に混ぜて焼いたカラマンディンケーキが流行りました。随分前に、我が家の庭で収穫したカラマンディンを夫の職場の方に差し上げたところ、お返しにとお菓子とカラマンディンケーキのレシピをいただいたことがあります。早速試してみたところ、青い果実より抑えた酸味とレモンより華やかな香りがふんわり鼻をくすぐる美味しいケーキができたので、今ではシーズンの終わりにわざと果実を完熟させて、カラマンディンケーキを作っています。

冬のごく短い期間のみ、フロリダ州ではカムクワット（Kumquat／金柑）が一部のスーパーに並びます。国によっては発音は同じでCumquatと表記することもある金柑はマーマレードに加工し、パンやビスケットに塗るほか、パイに仕立てることもあります。果実は丸いマルキンカンではなく、少し長いナガキンカンのみです。

同じ時期にポメロも出回ります。ザボンの砂糖漬けが大好きなので、果肉は茹でエビ、香草などと一緒に和えたベトナム風のサラダにして食べたあと、ウキウキしながらザボン漬けを作るのが冬の楽しみです。

未知なる白い豆

渡米以降、豆を食べる機会が増えました。乾物、水煮の缶詰、一部はフレッシュの冷凍もあり、安くて種類豊富です。

その中には、日本では存在がほとんど知られていない白い豆がいくつかあります。

ライマ・ビーンズ（Lima Beans）は、日本ではライマメとも呼ばれる南米ペルー原産の扁平な豆で、ペルーのリマ（Lima）から北米とヨーロッパへ出荷されたことから、この名前で呼ばれるようになりました（ライマはリマの英語読み）。

リナマリン（ファゼオルナチン）という青酸配糖体が含まれているためか、日本では食品衛生法の規制により、生餡の原材料用途にしか使用が認められていないので、日本の皆さんが召し上がる機会は、和菓子の餡として使われた時のみだと思います。アメリカでは乾物のパッケージに特別な注意書きなどはないので、この毒性のことをご存じない方が大多数でしょう。心配な場合は水に一晩浸けてから翌日水をかえ、さらに小豆の渋抜きのように茹でこぼし、他の豆同様に中までしっかり煮れば、問題なく食べられます。

ライマ・ビーンズには、ミディアム・ライマ・ビーンズ（Medium Lima Beans）、ラージ・ライマ・ビーンズ（Large Lima Beans）、萌黄色のグリーン・ライマ・ビーンズ（Green Lima Beans）などがあります。ライマ・ビーンズの中でもバター・ビーンズ（Butter Beans）と呼ばれるものは皮が薄くてクリーミーで口当たりが良く、南部（特にノースキャロライナ州とサウスキャロライナ州）では、スモークした豚足や骨付きハムと一緒に煮込んで食べます。南部料理の店では副菜の定番で、メニューの中に見つけた時は、ほぼ必ず注文しています。

ラージ・ライマ・ビーンズの見た目と大きさは、同じインゲン豆属の白花豆に似ており、乾物のものは、私が住んでいる地域の水道水で戻すと、種皮が半分以上ぺろんと剥けてしまいます（水の硬度が原因。詳しくは212ページへ）。白花豆のような甘煮にするつもりで前夜から準備し、翌朝その姿を初めて見た時はとてもがっかりしました。白花豆では問題なくできたのにと調べてみると、属性は一緒でも種属が違うそうです（白花豆はベニバナインゲン種で、ライマ・ビーンズはライマメ種）。しょうがないので柔らかくなるまで煮込み、裏ごししてさらしで水気を絞り、グラニュー糖を加えて鍋で練り上げ白餡にしてみたところ、白いんげん豆（白金時、手亡《てぼう》、大福豆など）で作るよりもクセが少ないものができました。日本に住んでいた頃は白餡があまり好きではなかった私にはかえって丁度良く、10年くらいはこのラージ・ライマ・ビーンズで白餡を作っていました。そのうち、こし餡にするには皮の廃棄率があまりにも多いのでなんだか労力に見合わないなあと面倒になり、今では煎り大豆くらいの大きさの、種皮が薄くて煮えやすいインゲンマメ種のネイビー・ビーンズ（Navy Beans）を使っています。この豆はアメリカ海軍の食事に採用されたためこの名前になり、ＢＢＱビーンズや豆カレーなどに向いています。イギリスではハリコット・ビーンズ（Haricot Beans）と呼ばれ、イギリスの朝食に不可欠ともいわれるベイクド・ビーンズ（Baked Beans）の材料です。

同じくインゲンマメ種のグレート・ノーザン・ビーンズ（Great Northern Beans）は金時豆くらいの大きさで、具だくさんのスープや煮込みに向いているねっとりとした食感がクセになる豆ですが、短時間で煮ようと思ってはいけません。以前、水で戻したグレート・ノーザン・ビーンズを圧力鍋で煮たところ、豆から出た成分でゆで汁に濃厚なとろみが付いて蒸気口がふさがり、コンロの上で熱々の煮汁を360度くるくると撒き散らしたことがあります。あれは思い出す度におかしくなりますが、火傷をしなくて良かったです。もし同じようなことが起こったら、落ち着いて濡れタオルを圧力鍋に被せてシンクに移し、流水をかけると煮汁の噴出が最小限で済みますので、圧力鍋をお持ちの方は、記憶の片隅にでも留めておいてください。

アメリカ人は甘い豆に馴染みがないとよくいわれますが、一部の地域では、バター・ビーンズを使ったデザート用のパイを作ることがあります。フィリングの材料（バター・ビーンズの水煮、エバミルク、グラニュー糖、卵、バター、コーンスターチ、シナモンパウダー、バニラ）をミキサーで撹拌してパイ生地に流して焼くだけなので、とても簡単です。

このパイを作ったことがありますが、食べてみるとお菓子のひよこのような餡を柔らかくした舌触りで、「あーなるほど、紛うことなき豆だ」としか感想が出てこず、さらに一切れでものすごくお腹が膨れるので、また作ることはしばらくないかなという味でした。一口サイズなら、和菓子っぽくなるかもしれません。

深すぎるピーナッツ愛

突然ですが、ピーナッツはお好きですか？　南米原産で、18世紀にアフリカ経由でアメリカに伝わったピーナッツは、南部で栽培が始まったこともあってか、南部の方のピーナッツ愛は日本人の想像をはるかに超えます。19世紀初頭のバージニア州で初めて商業栽培が行われ、当時は搾油やココアの代用としても使われていました。

アメリカでピーナッツの父として知られているのが、アフリカ系アメリカ人科学者で、発明家、教育者でもあったジョージ・ワシントン・カーヴァー氏です。20世紀初頭、南部ではワタミハナゾウムシの甚大な被害により、それまでの主力生産物のひとつであった綿花の生産が壊滅的な状況となったことで、困窮した状態に陥っていました。アラバマ州の師範、工業学校に農学部長として赴任していたカーヴァー氏は、貧困に苦しむ綿花農家を助けるために、詳細なピーナッツの育て方と利用法を記した学術雑誌を出版して、ピーナッツの生産を促しました。これを機に農家はピーナッツを育て始め、綿実油工場はピーナッツ油工場へシフトし、家畜はピーナッツや油の搾りかすで育てられ、農家はピーナッツを栽培して売ることにより、家族を養うことができました。今でもピーナッツの生産地は、ほぼ全て南部にあります。第39代大統領のジミー・カーター氏は、ジョージア州で大規模なピーナッツ農園を運営していたことでも知られています。

そのピーナッツは、料理や菓子にもなります。生のピーナッツを香味野菜と一緒に柔らかくなるまで煮込んでポタージュ状にしたピーナッツスープ、薄皮付きの生ピーナッツをカリッと揚げて塩をまぶしたフライドピーナッツ、殻付きの生ピーナッツをケイジャンスパイスと一緒にじっくり煮込んだボイルドピーナッツは、よく南部の道路脇で売られています。グラニュー糖で作ったシロップとシナモンパウダー、バニラと一緒に煎ったキャンディードピーナッツは、フェスティバルやフットボールスタジアムなどで売られており、それは魅惑的な香りがします（レシピは74ページ）。生の薄皮付きピーナッツをグラニュー糖ベースのシロップで煮込み、ピーナッツバターと重曹を混ぜ入れ、板状に広げて冷ました南部の伝統的な飴菓子のピーナッツブリトルなど、たくさんのレシピがあります。

スーパーに行くと、おつまみコーナーにはビールのあてとして、殻なしの無塩と有塩、甘塩っぱい味付けのハニーローストピーナッツがあり、殻付きは子葉（可食部分）が大きいバージニア種が主流です。殻付きのローストピーナッツは、何故か野菜売り場の片隅です。

缶詰売り場では、前述のボイルドピーナッツが並んでいます。かなり塩気が強いので、たっぷりのお湯でさっと温め直すのがお勧めです。野菜売り場の隅には乾燥させた殻付き生ピーナッツが置いてあり、これは調理して食べます（フライドピーナッツやピーナッツブリトル向き）。殻付きローストピーナッツと並んでいることが多く、ふたつは見た目が全く一緒なので、購入の際はパッケージをよく確認する必要があります。

初夏の収穫期になると、採れたての殻付き生ピーナッツ（グリーンピーナッツ）が量り売りで登場します。これはごく短い期間しか並ばないので、見つけた時は即購入して、私は自家製のボイルドピーナッツや台湾風のピーナッツちまきを作っています。

油売り場に行くと、スパニッシュ種を主に使ったピーナッツ油が売っています。感謝祭やクリスマスの時期には、七面鳥を丸ごとこの油で揚げるフライドターキーが南部では人気で、専用の鍋を使って屋外で揚げます（油が噴き出る事故が多いので、必ず屋外で）。いつか作ってみたいと思いながら、二人暮らしに七面鳥一羽は多すぎるので、二の足を踏んでいます。

ピーナツバターには風味の良いランナー種が使われます。市販品が一般的ですが、フードプロセッサーや細かいスピード調整が可能な高級なミキサー、洗うことができるミルがあれば、家庭でもピーナツバターは作れます。これらの機器に薄皮なしの煎りピーナツ適量と塩ひとつまみを入れ、油分がにじみ出てくるまで撹拌してからピーナツ油を少量加え、なめらかになるまで再度よく撹拌すれば出来上がりです。ピーナツ油が手に入らなければ、オリーブオイルでも大丈夫です。市販品と違って水素添加はしていないので、時間を置くと練りごまのように分離します。よく撹拌してから使ってください。

ピーナツバターを使った南部のデザートにピーナツバターパイがあります。ピーナツバター、粉砂糖、クリームチーズ、泡立てた生クリーム、バニラを練り合わせたフィリングをグラハムクラッカーベースのパイ生地に詰めて冷やし、さらに上から泡立てた生クリームをたっぷりのせ、チョコレートソースと砕いたピーナツを散らすというカロリー爆弾のようなものです。これは、ローカルのシーフードレストランのデザートメニューによく登場します。ちなみにもうひとつはコンデンスミルクを使ったキーライムパイで、これまた濃厚。軽いデザートがあってもいいんじゃないかなと思うのですが、そういうものではないみたいです。

キャンディードピーナツ

材料（作りやすい分量）

素焼きピーナツ（薄皮なしのもの）
……200㌘

A

グラニュー糖※1……50㌘
水……大さじ2
バニラエッセンス※2……15滴
シナモンパウダー……小さじ¼
塩……少々（二本指でひとつまみ）

※1　上白糖、三温糖、きび砂糖、黒糖で代用可
※2　バニラエクストラクトの場合は小さじ½

作り方

1　鍋にAを入れ、中火にかける。
2　1が沸騰してグラニュー糖が溶けたらピーナツを加え、パラパラにほぐれて乾いた状態になるまで煎る。
3　パーチメントペーパー（クッキングシート）に広げて冷ます。密閉容器に入れ、常温で約1週間保存可能。

2.

Condiments

調味料

スパイスなくしてアメリカ料理なし

普通のスーパーなのに、日本のデパ地下以上に売り場が充実している。それがアメリカのスパイス売り場を見た感想でした。メーカーはたくさんありますが、最大手はマコーミック（McCormick）でしょう。瓶入りもありましたが、今ではクリアなプラスチック容器に赤い蓋が主流です。高級路線はガラス瓶入りのスパイス・アイランズ（Spice Islands）、南部のお手頃メーカーだと、ヒスパニック、カリブ系に強いバディア（Badia）が有名です。スーパーのプライベートブランドもかなり充実しています。

我が家の場合、気軽に使えるバディアが6割、マコーミックのミニ容器サイズが4割といったところです。

南部ではカレー粉を料理のアクセントとして使用するので、カレー粉も普通に購入できます。一時期は自分で調合したり、シンガポールスタイルのカレー粉をアジア系食料品店で買い求めていましたが、今は、私にとって辛さと風味のバランスが丁度良いバディアのジャマイカスタイルカレー粉一択です。カレーに欠かせないローリエは、アメリカでも煮込みなどに使用するため、ベイリーフの名前で売っています。

ちょっと変わったものだと、白ごまがスパイスコーナーにあります（煎っていない洗いごまのみ）。黒ごまの取り扱いはないので、欲しい場合はアジア系の食料品店に行く必要があります。以前はクラシックなレモンメレンゲパイに使う葛粉(Kudzu)や、ピクルス作り用のミョウバン（Alum）も売っていましたが、近頃はとんと見かけなくなりました。

一般のスーパーにアジアのスパイス類は残念ながらほとんどないのですが、高級スーパーやキッチン用品店に行くと、五香粉、山椒、一味唐辛子、七味などが少々割高で売っています。

スパイスと塩が一緒になったシーズニングミックスも、種類がたくさんあります。レモンピールと黒胡椒をメインにしたレモンペッパー、パプリカパウダーとターメリックの風味が特徴的なローリーズ（Lawry's）、実は日本ほどの浸透率はないクレイジーソルト（Jane's Krazy Salt）、シーフード料理に使われるオールド・ベイ（Old Bay）やルイジアナ料理に特化したマコーミックのブランド、ザタランズ（Zatarain's）など各家庭や地域ごとに、これじゃなきゃという強いこだわりがあります。小さな紙袋包装の一回で使い切れるステーキ、タコス、煮込み用のシーズニングミックスもあり、かつかなりお手頃価格なので、お料理好きな方へのお土産にもお勧めです。

結婚祝いやクリスマスプレゼントの選択肢に、スパイスセットがあります（8～24個セットが主流）。アメリカで好まれるスパイスやドライハーブが一気に揃うので、欲しい方には至極便利でありがたいものですが、欲しいものだけ揃えたい方にはあまり喜ばれない微妙な存在です。私も昨年夫からクリスマスプレゼントのひとつとして、回転式の2段タワータイプ24個セットをもらいました。しかし、すでに色々持っているので頻繁に使うベイリーフ以外はなかなか減らず、うーん、何に使おうかなあ……と思案しながらキッチンカウンターを眺めています。

ちなみに、アメリカ南部料理を作る上で最低限あった方がいいのは、黒胡椒（日本の粗挽きタイプよりもう少し細かめ）、白胡椒（テーブル胡椒程度の細挽き）、ガーリックパウダー、オニオンパウダー、パプリカパウダーくらいです。あとは市販のケイジャンシーズニングでもあれば、それほど困らずに作れるのではないかなあと思います。どうしても揃えたい、でもたまにしか使わないというものは、品質が良いうちに使い切れる小瓶サイズをお勧めします。

使い分ける塩

料理に欠かせない塩。皆さんにお気に入りのものはありますか？

現在の日本は一昔前と違って塩の専売がないので、あらゆる産地のものが手に入り、料理によって使い分けているご家庭もあると思います。それぞれ特徴があって、旨味が強かったりパウダー状でミネラル豊富だったりと、選ぶ楽しみがあります。

アメリカの塩は産地にそれほどこだわりがない代わりに、目的別に色々な種類があります。

テーブルソルト（Table Salt）はサラサラとした微粒子の食卓塩で、微量ミネラルのヨウ素（Iodine）が噴霧されています（該当商品には、Iodized Salt の表記あり）。約100年前に人々のヨウ素不足を補う目的で作られ、今でもこれが主流です。レストランではテーブル脇に黒胡椒と一緒に置いてあります。

ピクリングソルト（Pickling Salt）は、ピクルスなど保存食向きの塩です。野菜の色が黒ずんだりピクルス液が濁る原因となるフェロシアン化ナトリウム（黄色ソーダ）などの凝固防止剤や添加物は使われていません。わざわざ専用のものを作るとは、ピクルス類を作る方がどれだけ多いのかうかがわせます。溶けやすく、普段の料理にも使えます。

アイスクリームソルトは、アイスクリームを作るのに使用する粒が大きいロックソルトです。材料に加えるのではなく、氷と混ぜて氷点を下げるために使います（注意：食用ではありません）。夫が子どもの頃は、専用の木樽に氷と塩を入れ、中央に材料を入れた金属製のバケツ型容器を置き、兄姉妹と交代でひたすらハンドルを回してアイスクリームを作っていたそうです。今でも大きさが違うボウルふたつと塩と氷、ハンドミキサーがあればアイスクリームは作れますが、アイスクリームメーカーが普及しているため、売り上げは減少中だとか。

海外のものですと、日本のデパ地下や輸入食品店などで売っているイギリスのマルドン（Maldon）の塩はアメリカの料理好きにも受けが良く、仕上げにパラパラと振りかけます（我が家にもあります）。鉄分が含まれるヒマラヤのピンクソルトは、一時は至るところで見かけるほど流行りましたが、ブームは落ち着いたようです。

アメリカのプロ料理人や、料理好きの方から好まれるのは、コーシャーソルト（Kosher Salt）と呼ばれる粗塩です。コーシャーとは、ユダヤ人の食の伝統を意味するカシュルートからきており、ユダヤ教の教義に則って屠された肉から血液を取り除く作業の際にこの塩を振りかけて使います。宗教的にお清めされたものではなく、塩の発掘、加工、梱包がユダヤ教のガイドラインに従って作られ、コーシャー食を実践する人が安心して使える塩がコーシャーソルトです。

コーシャーソルトは、アメリカやカナダの岩塩鉱山地下にある鉱床を水で溶かして吸い上げ、加熱してから不純物を取り除き、乾燥工程で大きく結晶化させたもので、１８４８年創業のモートン（Morton）と、１８８６年創業のダイヤモンド・クリスタル（Diamond Crystal）の２社が有名です（我が家はモートンを使用）。前者は製造工程で塩にローラーをかけて圧縮するため、塩の結晶が立方体をしており、後者はイギリスのマルドンの塩のようなピラミッド型の結晶です。指先でつかみやすくて量が安定するので、使い慣れるといちいちスプーンなどで調味料を細かく量る必要がありません。モートンの場合、３本指ひとつまみで約小さじ¼（約１・５グラム）、ダイヤモンド・クリスタルの場合は同じ量り方で約小さじ⅛（約０・75グラム）

と同じ粗塩でも違うので、メーカーを頻繁に変える方は注意が必要です。

アメリカの人口の約4パーセントがユダヤ由来の方々で、数字だけ聞くと少なく感じますが、世界一ユダヤ人移民を受け入れた国ということもあり、その影響は塩にまで至っています。

一時期自家製ハーブソルト作りに凝っていたことがあり、その際にコーシャーソルトが大活躍しました。特にパセリ、バジル、オレガノ、刻んだローズマリー、ガーリックパウダー、黒胡椒、ピンクペッパーの組み合わせが気に入り、オリーブオイルの上にこのハーブソルトを振りかけ、バルサミコ酢を数滴垂らしたオイルディップをバゲットですくい取ると、無限に食べられて危険です。

海塩より人件費が少ないためか比較的安価で粒も大きいので、スキレットの汚れ落としや、柑橘類などのワックスをこすり落とすのにも適しています。

ちなみに夫は、すいかにはモートンのコーシャーソルトが良いらしく、以前マルドンの塩を振ってみたところ、「これじゃない」と即座にいわれました。相変わらず違いが分かる男です（269ページ参照）。

アメリカの砂糖事情

「そういえば、てんさい糖って見かけないなあ」アメリカの砂糖売り場を眺めていて思ったことです。上白糖は精製糖に転化糖（果糖とブドウ糖の混合物）が混ぜられている日本独自のもので、アメリカで売っていないことは渡米前から知っていましたが、てんさい糖も見かけません。てんさい糖の英語名であるビート・シュガー（Beet Sugar）でネットストアを検索すると、グラニュー糖の3倍くらいの高値で売られているのを見つけました。しかし、見た目が違います。日本で売っているてんさい糖は薄茶色だけど、何故これは色が白いんだ？

調べていくと意外なことが分かりました。日本では、グラニュー糖は主にさとうきびのみで作られますが、アメリカではさとうきびと、てんさいから作られ、パッケージにグラニュー糖（Granulated Sugar）と書いてあっても原材料名にシュガー（Sugar）と表記されている場合、てんさいとさとうきびのブレンドだというのです（１００パーセントさとうきび由来の場合は、Cane Sugar の記載）。

アメリカのてんさい糖は、さとうきび由来のグラニュー糖同様に二度精製されているので、見た目や味、色がそれとそっくりになり、ブレンドしても違和感がありません。しかもグラニュー糖として使用している割合は、てんさいの方がさとうきびより若干上回っているくらい（さとうきび42パーセント、てんさい58パーセント）。私は知らないうちに何度もてんさい糖を使っていたようです。

色々分かってスッキリしたところで、今まで私が調べた他の砂糖についても情報を共有できればと思います。

翻訳本やアメリカの料理本にしばしば登場するブラウンシュガー（Brown Sugar）は、グラニュー糖に砂糖精製時にできる廃糖蜜であるモラセス（Molasses）を混ぜて作られたものです。モラセスの量によってライトとダークの2種類に分かれ、色は違えど上白糖に似た質感です。これは、日本の三温糖やきび砂糖で代用可能です。

きび砂糖に相当するものはアメリカにもあり、ロウ・ケイン・シュガー（Raw Cane Sugar）と呼びます。以前は割高でしたが需要が増えてきたのか、お安めの大容量が手に入るようになりました。さらさらの砂状のものと、粒状のものがあります。

粉砂糖は、アイシング・シュガー（Icing Sugar）、パウダード・シュガー（Powdered Sugar）、コンフェクショナーズ・シュガー（Confectioners Sugar）などと呼ばれます。160ページのバタークリームに欠かせないため、一番小さいサイズでも450グラムからで、少量のコーンスターチ入りのものが主流です。私はバタークリームに使うほか、台湾の鳳梨酥《ふぉんりーすー》（パイナップルケーキ）や、サブレなどに使っています。溶けない（泣かない）粉砂糖はノン・メルティング・シュガー（Non-Melting Sugar）やスノー・シュガー（Snow Sugar）と呼ばれ、ほぼネット販売のみです。これも少量販売はないので、使い切れるかご覚悟の上でどうぞ。

デメララ・シュガー（Demerara Sugar）は一度だけ結晶化して作る粗精糖《そせいとう》の一種で、1〜2パーセントのモラセスが含まれているため薄茶色をしており、わずかにカラメルのような香りがします。粒が大きく、コーヒー用シュガーや焼き菓子のトッピングに使い、ジャリジャリとした歯応えが、デニッシュやパイの良いアクセントになります。よく似たものにタービナド・シュガー（Turbinado Sugar）があり、これにはモラセスが約3・5パーセント含まれます。

黒砂糖（Muscovado Sugar／マスコヴァド・シュガー）は一般スーパーには売っていませんが、アジア系の食料品店に行くと、漢字で黒糖と書かれた台湾産の粉末状のものがお手頃価格で手に入ります。トラディショナル・ダークブラウンシュガー（Traditional Dark Brown Sugar）やアンリファインド・ダークブラウンシュガー（Unrefined Dark Brown Sugar）などと呼ばれることもあります。私は黒蜜や、台湾のデザートを作る時に使っています。

冒頭で触れた上白糖は、焼き菓子に使うと焦げやすく甘みが強調され、混ざりやすいのですが味にくどさが出ます。しかし、煮物に味を染み込ませたり、煮魚や照り焼きなどの照りを出す料理には向いているので、時々上白糖が恋しくなります。

以前、グラニュー糖にコーンシロップを混ぜたら似たものになるのではと試したところ、アメリカのグラニュー糖は日本のものより粒が小さいせいか、単にベタベタしたものができました。研究はまだまだ続きます（これは佃煮と落雁に使いました）。

ジャブジャブ使う酢の話

アメリカのスーパーのお酢売り場には、多種多様なお酢が並んでいます。中でも、ポリエチレン製の容器に入った2種類のボトルに目を見張ります。大きいものは1ガロン（約3・8リットル）入りで、一番売れているものが、通称ホワイトビネガーと呼ぶとうもろこしを原料としたディスティルド・ホワイト・ビネガー（Distilled White Vinegar）、これは無色透明の穀物酢です。もうひとつが、りんごから作られるアップル・サイダー・ビネガー（Apple Cider Vinegar）で、南部の料理には欠かせないものです。りんごが原料なら甘いのかなと思われるかもしれませんが、甘みは一切付いていません。

このふたつは、ピクルスやマリネ、ソース類にじゃぶじゃぶと使う他に、ホワイトビネガーは掃除にも使用します。キッチン、バスルームといった水回り、アクの強い野菜を茹でたあとや、蒸し物をした鍋のミネラル分除去（酢適量を入れたお湯を煮立てるだけでスルッと取れます。アルミや銅、鋳物鍋は不適です）、アメリカの家庭では一般的なセントラル空調の、排水パイプのつまり防止メンテナンスなど、多目的に使われます。

瓶入りのものには、マリネやドレッシングに使う赤と白のワインビネガー、ドレッシングや、料理の上から仕上げにかけて使う黒と白のバルサミコ酢（長期熟成のハイグレードなものや、煮詰めたタイプも）、ちょっと値は張りますが、何に使っても美味しいシャンパンビネガー、魚のフライによく使うモルトビネガー、フルーツをトッピングしたサラダと相性が良いラズベリービネガーなどがあります。日本で一般的なサイズの米酢も手に入ります。お酢売り場にない時は、アジアンフーズのコーナーにあり、プレーンの米酢と調味済みの寿司酢が同じ値段で手に入ります。玄米酢、赤酢、黒酢はアジア系食料品店へ行かないと手に入りません。

このように、アメリカではお酢の種類が多い上に大量消費されます。疲労回復にはお酢が良いなどといいますが、この考えを当てはめると、アメリカの方は年中疲労困憊でお酢が不可欠ということになってしまいますが、それはなさそうです。おそらく消費の理由としては、子どもの頃から酸っぱいものに慣れていて、単にその味が好きなだけなのでは？と思っています。

まず、子ども用の菓子には酸っぱい味があります。ガミー・キャンディー（Gummy Candy）と呼ばれる柔らかめのグミに近いお菓子には、フルーツや虫など様々な形をしたカラフルなものがあり、それにはクエン酸パウダーがびっくりするほどまぶされています。

ポテトチップスにもお酢を使います。ソルト&ビネガー（Salt & Vinegar）味は定番人気商品のひとつで、どこでも購入可能です。これは、ビネガーパウダーやクエン酸パウダーをまぶしたもので、旨味が足りない酢昆布のような酸っぱいポテトチップスです。

瓶詰めのピクルスもたくさん売っており、アラバマ州、ミシシッピ州、ルイジアナ州では、クールエイド（Kool-aid）という酸味のある粉末ジュースミックスで浸けた真っ赤なきゅうりのピクルスなんかもあります。

野菜以外にゆで卵も漬けますし、ソーセージや豚足のピクルスもあり、これらはピーナッツなどと一緒におつまみコーナーで売っています。

アメリカのＢＢＱソースと聞くと、濃厚で甘いものをイメージされる方が多いと思いますが、地域によってはとても酸っぱいものがあり、ノースキャロライナ州の東側では、アップル・サイダー・ビネガーとホットソースをベースにした、サラサラのＢＢＱソースが定番です。このホットソースもお酢入りです。

健康のために、非加熱処理の酵母入り生アップル・サイダー・ビネガーと水、蜂蜜を混ぜたものを、毎日ショットグラス１杯飲む方もいらっしゃいます（ワンショットは44ミリリットル）。日本でいうお猪口１杯のお酢を飲む感覚でしょうか。

お酢ではありませんが、日本人には好き嫌いがはっきり分かれるサワークリームは、ディップやグラタンのようなオーブン料理、タコスなどに多用されるため、約１・４キログラム入りの小さなバケツサイズが普通に売っています（売れ筋は約４５０グラム入り）。

アメリカで一番売れているドレッシングは、このサワークリームやバターミルクをベースに使っているランチ・ドレッシング（Ranch Dressing ※ランチは牧場の意味）です。ドレッシングの枠を超えて、ピザや揚げた鶏手羽にホットソースとバターで作ったソースを絡めたバッファローウイングなどのディップとしても使用します（伝統的にはブルーチーズソースですが、ランチ・ドレッシング派が多勢です)。

こんなに酸っぱいものがたくさんあるなら日本の梅干しだって平気そうですが、今のところ、その存在は大多数の方には知られてはいません。梅干し味の飴やポテトチップス、ドレッシングなら案外いけるのではと思うのですが、どうでしょうか。

辛いマスタード見つけた！

普段の食事は、アメリカの一般スーパーとアジア系食料品店の食材でほぼ間に合っていますが、日本へ一時帰国する度に欠かさず買っていたものがあります。それはチューブタイプの和辛子です。アメリカのスタンダードなマスタードは辛みがなく、非常に物足りません。スパイシーと書いてあるルイジアナ産のマスタードやアジア系食料品店のものを色々試してみましたが、ほんの少しでツンとくるあの独特の辛さがないのです。

粉辛子はメーカーによっては和辛子独特の苦味が強調されて苦手なものもあったので、もっぱら買うのは使いやすいチューブタイプでした。その和辛子を切らしていたある日、イギリスに住む友人が「冷やし中華にはコールマンズ（Colman's）のマスタード一択」とSNSで紹介していたのを見て、そういえば、英国王室御用達のこの調合マスタードは使ったことがなかったなあと思い、早速購入。どれどれとなめてみると、正しく私が求めていた辛さです。いや、味的にはそれ以上かもしれません。辛さだけでなく、塩と砂糖のバランスがとても良いのです。

まずは辛子酢味噌に使ってみました。あの辛さと味だと身悶えするほど感動し、ふきのように茹でて薄塩で煮浸しにしたセロリに添えたり、手作りの刺身こんにゃくにも使いました。刺身こんにゃくは、サプリメントのグルコマンナンパウダーと、ピクルス作りに使う塩化カルシウムか、豆腐作りに使う水酸化カルシウムがあれば作れます(同じような配合で白滝も)。

次にきゅうりの辛子漬けを作りました。さっぱりした中にツンとくる辛みと甘み、ポリポリとした食感は、暑い日でもごはんが進んでしまい非常に危険です。

そして、大分県宇佐市の食堂で食べて美味しかった椎茸の辛子漬けにも挑戦。これは辛子漬けの名前ですが、甘辛く煮た肉厚の椎茸に辛子を絡めたものです。うん、合格です! なんのコンテストかは分かりませんが、私の中でＮＨＫのど自慢の鐘が鳴り響きました。

他にも卵サンドイッチや、ハムときゅうりのサラダに使うほか、シュウマイ、春巻きといった中華料理を食べる際にも添えて使っており、全く飽きません。

早速これを使ったレシピを書き起こして日本にお住まいの方にもお勧めしようと思い立ち、

念のために取扱店や値段を調べたところ、日本では明治屋など一部店舗で取り扱いはあるのですが、消費期限が短い上に誰でも気軽に買えるものではなかったので、泣く泣く見送ることにしました。ちなみに近所のスーパーでは、１５０グラム入りが３ドル50セントほどで購入可能です。

イギリスの方々は、とある日本人がアメリカの端っこでこれを和食に使ってキャッキャしているなんて想像したこともないだろうなあと思いつつ、イギリスの方向に向かって深々と礼をしてから、マスタードを冷蔵庫のドアポケットにしまいました。

つゆだくならぬ、ソースだく

「こりゃまた気っ風が良いねえ」と毎回ニセ江戸っ子気分で思ってしまうのが、アメリカのファストフード店でのソース類の渡し方です。

例えば、ハニーマスタードソースを頼むと、二人分なのに6個出てきます（有料の場合を除く）。「ケチャップください」というと、「はいどうぞ」と個包装パックが一掴みどかっときます。最初は、失礼にも雑なタイプの方なのかなと勘違いしましたが、そのうち、この気前の良さは、これだけたっぷり欲しい人がいるからなのだと気が付きました。一時帰国した際、ファストフード店でチキンナゲットを注文して好みのソースを頼んだところ、ぽつんとひとつだけくれたので、「もうひとつください」とお願いすると「別料金になります」といわれ、心の中で白目を剥きました。どうやら私はアメリカ生活に馴染みすぎたようです。

レストランではどうでしょう。サラダを頼むとサラダの半分以上をドレッシングが覆っていることがあるので、注文時に別添えにしてもらっています。

ローカルのシーフード料理店に行くと、タルタルソースとカクテルソースのボトルがテーブルに置いてあるので、各自好きなだけ使います。南部のＢＢＱレストランでは、テーブル脇にいくつもの種類のオリジナルＢＢＱソースを備え付けてあることが多く、好みのものを使用します。日本でもお好み焼きやトンカツのソースはテーブル備え付けなので、あれと同じ感覚です。

ステーキレストランでステーキソースをリクエストすると、アメリカのステーキには欠かせない強い酸味があるＡ１《エーワン》ソースか、トマトとお酢がベースになったハインツの57（フィフティセブン）ソースをボトルごと渡されます（私は使用しませんが、夫はＡ１ソースが必須）。アメリカ風中華料理のテイクアウト専門店には、日本の天津飯によく似たエッグ・フー・ヨン（Egg Foo Young／芙蓉蛋《ふーよーたん》）という料理があるのですが、それにも餡（グレービー）がたっぷりかかっています。

鶏手羽専門のレストランでは、カリッと揚げた鶏手羽に10種類以上のソースから好みのものを指定して、厨房でたっぷりと絡めてもらいます。

ディップが大好きなお国柄なので、コーンチップスにはサルサやナチョチーズ（溶かしたプロセスチーズに、香辛料を混ぜたチーズソース）、ピザには酸味が特徴のランチ・ドレッシングやガーリックバターソース、ブレッドスティックや割けるチーズを揚げたものにはマリナーラソース、などと定番の組み合わせを添えます。

フライドチキンをグレービーがたっぷりかかったマッシュドポテトにディップしたり、フライドポテトをシェイクにディップすることさえあります。

とろみを付けたものが好まれるので牛丼の汁だくは好みが分かれそうですが、トンカツやお好み焼きのソースは非常に受けが良く、北米キッコーマン（Kikkoman USA）からトンカツ用のソースが出ていますし（アメリカではカツソースと呼びます）、ネットストアでは大きなサイズのオタフクソースが人気です（店頭販売は、今のところアジア系食料品店のみ）。

家庭では、冷蔵庫のドアポケットにずらりと並んだドレッシングやソースをそれぞれ好きなように使います。夫はタイのスイートチリソースが大好きなので以前は手作りしていましたが、あまりにも頻繁に使用するので、今はタイ産の市販品を常備しています（Mae Ploy 一択）。

南部では長粒種の白ごはんに茶色いグレービーをかけることも多く、料理じゃなくてソース類が食べたいだけなんじゃないのかとにらんでいます。

グレービーには甘いものもあります。その中のひとつはテネシー州近辺で好まれるチョコレートグレービーです。チョコレートといってもチョコレートは使われておらず、ココアパウダーを使います。南部ではチョコレートの代わりにココアパウダーを使ってもチョコレート○○と呼ぶメニューが多いのですが、そこは突っ込まないのがお約束です。温かいビスケットを横半分に割って左右に並べ、そこに熱々のチョコレートグレービーをとろり。パウンドケーキやパンケーキのソースにも使え、後ろめたくても止められない病み付き感があります。

そんなソース類好きが多いアメリカでは、日本のカレーも密かに人気があります。日本へ旅行や赴任した方々がせっせと周りに広めているようで、特にカツカレーが好まれるとか。そのうち、32ページのフェットチーネ・アルフレッドのように、アメリカで改造されるかもしれません。

アメリカのマヨラー

ブルー・プレート（Blue Plate）、デュークス（Duke's）、ヘルマンズ（Hellman's）。これらは何の調味料のブランドかお分かりになりますか？　答えはアメリカのマヨネーズです。

アメリカの方は特定調味料への愛着が大変強く、各ブランドごとに熱狂的なファンがいます。特に南部の方にとってマヨネーズは人生から絶対に切り離せない調味料で、材料のひとつに水が使用されていることもあってか、日本のものに比べると口当たりがとても軽く、ムース状でプラスチック瓶に入っており（以前はガラス瓶）、スプーンですくって使うのが一般的です。冒頭で紹介したものが、南部の方々がこよなく愛するマヨネーズの三大ブランドで、それぞれ１００年以上の歴史があり、ブルー・プレートはルイジアナ州、デュークスはサウスキャロライナ州、ヘルマンズはニューヨーク州生まれです。ちなみに我が家は長年デュークスを使用していましたが、数ヶ月前にとある動画のブラインドテストで高評価だったため、ブルー・プレートに乗り換えました。

原材料はメーカーによって若干バラつきはありますが、ほぼ必ず使用しているものは、大豆油、卵黄（または全卵）、水、87ページでも紹介したホワイトビネガー（またはアップル・サイダー・ビネガーとのミックス）、塩、天然香料です。対して日本のものは、食用植物油脂、卵黄（または全卵）、醸造酢、食塩、香辛料、うま味調味料で、微妙に違います。なお、口当たりは軽くても、カロリーは日本のマヨネーズとほぼ変わりません。

この中でもヘルマンズのマヨネーズは少々特殊で、ロッキー山脈を越えた西側ではブランド名が変わってベスト・フーズ（Best Foods）と呼ばれます。材料や作り方はヘルマンズと一緒ですが、ベスト・フーズの方が少々酸味が強めだといわれており、日本でいうところの、東と西で味付けが微妙に違うカップうどんのような感じです。

これらのマヨネーズを、チキン、ツナ、マカロニサラダ、コールスロー、18ページのキャセロール類、ディップ類の他に、クラシカルなチョコレートケーキにも使います。

バターや植物油の代わりにマヨネーズを使ってチョコレートケーキを焼くと、乳化された油脂と酢の作用でケーキの膨らみが良くなります。これは古くからある作り方で、どこかのお宅のグランマが得意とする焼き菓子のひとつだったりします。レシピは各メーカーのサイトにそれぞれ記載があるので、興味がある方はご覧ください。

ただし、日本のマヨネーズでこれをしようとすると、こってりとした質感と、うま味調味料のせいか味がくどくなるので、使用する油脂の3分の1程度を置き換えるくらいにとどめた方がいいと思います（残りは、植物油がベター）。

このアメリカのマヨネーズに、アジアから新勢力がやって来ました。みなさんご存じ、キユーピーマヨネーズです。以前は知る人ぞ知る存在で、アジア系食料品店やネットストアでしか手に入らなかったのですが、口コミでじわじわと人気が高まり、ついにはアメリカの一般スーパーでも購入可能になりました。アメリカの料理番組でも、特別な調味料扱いで紹介されることがあります。

アメリカのものに比べると高級品なのですが、ジャパニーズ・メヨやキューピー・メヨと呼ばれ、一部の方からはカルト的な人気があります。夫もすっかりその魅力にはまってしまい、スーパーで見かけると、品質保持期限を確認しながら「売り切れると困るから、買っておこう！」と家に買い置きがあるのにカートに入れ、照り焼きチキン丼やお好み焼きを作ると何もいわなくても冷蔵庫からいそいそとキユーピーのマヨネーズを取り出し、嬉しそうに搾りかけています。

ホットソース偏愛

近頃は、日本でもお土産売り場やデパ地下でご当地ブランドのホットソースを見かけるようになりましたが、日本においてホットソースといえば、今も昔もタバスコ一強だと思います。

実はアメリカでは、ホットソースはタバスコのみではありません。数え切れないほどの製品があり、南部に集中しているたくさんのメーカーが、しのぎを削りながらオリジナルのホットソースを世に送り出しています。辛さのレベルや香味によって、地方ごとや個人レベルで好みのホットソースがあります。使い方としては、そのまま料理にかける他に、ディップの辛み付けやフライドチキン、フライドフィッシュの下味に使うことも多いです。これは辛さだけではなく、風味付けも兼ねています。

ホットソースを愛しすぎて市販品では物足りず、自身でプロデュースしている俳優やミュージシャンもいますし（私の知る限り、何故かロックミュージシャンが多めです）、ご当地物の唐辛子を使ったローカルホットソースもあります。

クリスマスが近づくといろんなプレゼントがお店に並びますが、オリジナルホットソースの詰め合わせセットは毎年必ず見かけます。

このように、アメリカで偏愛されるホットソースですが、辛さに単位があるのはご存じでしょうか。それは、１００年以上前にアメリカ人薬理学者のウィリアム・スコビル氏が考案したスコビル・スケール（Scoville Scale／スコビル値）です。その単位はＳＨＵ（エス・エイチ・ユー）と呼ばれ（Scoville Heat Units の略称）、数あるホットソースの中から知名度が高いものを選んで平均的な数値を辛い順に並べると、１０６ページの表のようになります。

私が住んでいるエリアで人気のホットソースは、ノースキャロライナ産のテキサスピートと、ルイジアナ産のルイジアナブランドオリジナルホットソースのふたつで、タバスコが置いてある店は片手で数えられるくらいしか見たことがありません。

日本でホットソースといえば、ナポリタンがメニューにある喫茶店や、イタリアンレストランあたりでしょうか。

南部では、ホットソースはシーフードレストランとアメリカ料理を出すお店ならほぼ必ずあります。シーフードレストランではテーブル備え付けですが、ない場合も店員さんに聞くとすぐに持ってきてくれます。そのぐらいホットソースは南部の人にとって馴染みがあるもので、日本の一味や七味ぐらいテーブル脇に欠かせないものなのかもしれません。

ちなみに前述のスコビル値ですが、官能検査をした人（食べた人）の主観で結果が違うため、正確な数値とはいえない謎に厄介なものです。長らくスコビル値が辛さの単位として使われてきましたが、3年ほど前から機械で正しくカプサイシンの数値が測れる方法に移行し始めたようです。もしかすると、近い将来このスコビル値で作られた辛さの順番が変動するかもしれません。

チョルーラ（Cholula）3600 SHU

にんにく、スパイス入りのホットソース。メキシコ料理店での取り扱いが多い。メキシコ産

タバスコ（Tabasco）2500 SHU

発酵させたタバスコペッパーが主原料。タバスコをこよなく愛する人は、これをホットソースと呼ばず、タバスコソースと呼びます。ルイジアナ産

シラチャ（Huy Fong Sriracha Sauce）2200 SHU

アジア料理店での取り扱いが多い、にんにく、砂糖入りのホットソース。中国、韓国系の方が営むビュッフェスタイルの寿司屋に必須。別メーカーであるFlying Gooseは3300 SHUと辛め。カリフォルニア産

タバスコ グリーン（Tabasco Green）1000 SHU

緑色のタバスコでオリジナルより辛さはマイルド。ルイジアナ産

クリスタル ホットソース（Crystal Hot Sauce）800 SHU

香りが良いので、そのまま料理にかける他、バッファローウイングや揚げ物の下味向き。ルイジアナ産

テキサスピート（Texas Pete Original Hot Sauce）750 SHU

辛すぎず、何にでも使える万能選手。製品名はテキサスですが、ノースキャロライナ産。

フランクスレッドホット（Frank's RedHot Original Cayenne Pepper Sauce）450 SHU

辛さ控えめで酸味が気持ち強め。マイルドなバッファローウイング向き。ミズーリ産

ルイジアナブランドオリジナル（Louisiana Brand Original Hot Sauce）450 SHU

南部のシーフードレストラン御用達。スーパーに行けば、一生かかっても使い切れなさそうな巨大なサイズも売っています。 ルイジアナ産

暴かれる秘密

学生時代に栄養学をかじっていたからか、はたまた単なる活字中毒なだけなのか、日本に住んでいた頃から食品ラベル（特に原材料欄）を読むのが大好きです。読み込むことで、どの材料が入っているから味が気に入ったのか、また反対に、何が入っているからその味が苦手だと思ったのかの答え合わせもできます。

アメリカの食品ラベルは日本のものより大変細かく、毎回読み応えがあります。特にニュートリション・ファクツ・レーベル（Nutrition Facts Label）と呼ばれる食品成分欄は日本の比ではありません。日本のそれは長らくとてもシンプルで、食品表示法で栄養成分表示の義務があるのは、エネルギー量（カロリー）、たんぱく質量、脂質量、炭水化物量、グラム表記の食塩相当量のみ。追加されても、せいぜいメーカーが自主的に明記してくれる糖質や食物繊維量程度です。

アメリカのそれは以前から詳細な表示で、食物繊維量などはもちろんのこと、脂質であれば、ラベルを見ると飽和脂肪酸、多価不飽和脂肪酸、トランス脂肪酸量が分かります。

２０１６年からはさらに、現実的な一食分あたりの栄養価、特に重要視されるビタミンやミネラル（ビタミンD、カリウム、カルシウム、鉄分）の量、糖質は、食品に含まれている果糖、ショ糖、グルコースの総量（Total Sugars）だけでなく、その内訳として、添加された砂糖の量まで表示されるようになりました。これは、子どもの食育に熱心に取り組んでいたミシェル・オバマ元大統領夫人の「Let's Move!」運動による肝入りの改善です。

日本の書店で購入可能な食品成分表的なものは、アメリカでは専門職の方以外にはあまり浸透していないので、購入者なら誰でも確認することができる食品ラベルが重要なのでしょう。事実、アメリカでは77パーセントの消費者が、このラベルを参考に食品を購入しているといいます。

アメリカに住み始めて数年後のある日のこと、「おや、なんだか妙に詳しいぞ？」アジア系食料品店で購入した日本の食品ラベルを見ていた時に気が付きました。アメリカで手に入る日本産の食品は、日本のパッケージの上に原材料名を含む英語での情報シールが貼ってあるか、輸出仕様の特別パッケージに英語で詳細が記されています。

日本ですと「調味料（アミノ酸など）」や「食用植物油脂」で済まされている表示ですが、アメリカで販売する際はアメリカの法律が適用されるため、この曖昧な表現が許されていません。英語では前者はMonosodium Glutamate（グルタミン酸）、後者はVegetable Oil（Canola Oil, Soybean Oil）（植物油〈キャノーラ油、大豆油〉）のように、使用されている原材料がほぼ全てつまびらかにされています。

消費者の心理的には『調味料（アミノ酸など）』や『安定剤』といった表現で済まされてしまうと、何か体に良くないものが入っているのではないかと不安になってしまうことがあります。しかしそれらが明らかにされているだけでも、なんとなく心が休まるのではないでしょうか（もちろん個人差はありますが）。現在の日本の法律ですと、まだこの辺りはゆるやかですが、いつかアメリカのように詳しく表示される時代が来るのではと思っています。日本に住んでいた頃は詳細な材料を知ることはできませんでしたが、アメリカに住んでいると、秘密を向こうから積極的に明らかにしてくれます。自作マニアとしては、分からないことを知れるだけで満足なので、また新しい知識を得てしまったとニヤニヤが止まりません。

油脂は敵？

人口の約40パーセントが体重超過といわれているアメリカ。１９００年代からのダイエットの歴史を読んでみると、キャベツダイエットにりんごダイエット、野菜スープダイエットなど油控えめな食事が受けていたことが分かります。中には「空腹感を抑えるために、食前に砂糖をスプーン一杯食べましょう」という精糖会社のキャンペーンがあった時代もあります。

20年ほど前は低脂肪や減脂肪食品がもてはやされ、現在も取り扱いがある低脂肪マヨネーズ、低脂肪および無脂肪のドレッシング、菓子類には減脂肪クッキーやケーキ、減脂肪アイスクリーム、低脂肪牛乳や無脂肪牛乳など、油脂の使用量が少ない方が良しとされている時代でした。その頃は、バターの代わりにりんごを柔らかくなるまで煮てピュレにしたアップルソースや、煮込んでペースト状にしたプルーンを使ったローファットベーキングのレシピ本がありました。

脂肪分が気になる生クリームは、ソースやスープ、デザートのトッピングに使用する乳脂肪分が30〜36パーセントのホイッピングクリーム（Whipping Cream 別名 Light Whipping Cream）と、主にケーキのデコレーションに使用する乳脂肪分36〜40パーセントのヘビー・ホイッピングクリーム（Heavy Whipping Cream 別名 Heavy Cream）の2種類のみで、日本のものより脂肪分は控えめです。そして、何故か液体の植物性生クリームは売っていません。その代わりに、植物性生クリームに甘みとバニラの香りを付けた泡立て済みのものが、冷凍食品売り場にあります。普通のもの以外に低脂肪や無脂肪タイプがあり、これは好みが分かれます。

肉類も脂肪量を気にします。良質なたんぱく質源ということで鶏胸肉の消費量が多く、もも肉の方が安く販売されています。鶏皮を使わない方が多いので最初から鶏皮を剥ぎ取った胸肉やもも肉があるのですが、その手間の分だけ皮付きに比べて割高です（鶏手羽は皮付き）。牛挽き肉も、脂の量に配慮した数種類が店頭に並びます（46ページ参照）。日本ではもっぱら牛丼に用いられる薄切り牛バラ肉は置いておらず、ステーキ肉は一部の高級スーパーを除いて基本的に赤身中心です。ステーキ用の牛脂がたくさん並んでいることはありません。豚肉のロースは、脂身がほぼ切り落とされています。初めてその姿を見た時は、そんなに嫌わなくても……と脂身に同情してしまいました。

流行りのダイエットもスーパーの売り上げに影響を与えます。１９９０年代後半から周知されたアトキンスダイエット。これは、高たんぱく質、高脂質、（ダイエット初期には）低糖質食を勧めています。現在は、アトキンスダイエットをベースに改善されたケトジェニックダイエットの流行が続いています。その他、２０１０年代から広まっている厳格な植物性食物主義のヴィーガン、穀物や高加工食などを排除し、原始人が食べていた食事に回帰しようと謳ったパレオダイエットなど、主に低糖質ダイエットが流行しており、どれも油は必須とされ、量より質が見直される時期に入っているようです。これらの層をターゲットとした食品や料理本もたくさんあります。

トランス脂肪酸が問題になった頃は、マーガリンやスプレッド、ショートニングの売り上げが落ち、バター信仰が復活しました。食物由来のコレステロールは血中コレステロール値にほぼ影響がないと報道された際は、ごく短期間ですがバターが品不足になり、スーパーによっては個数制限がかかった時もあります。その後、トランス脂肪酸をほぼ含まないマーガリン、スプレッド、ショートニングが出て、バターだけでなく、澄ましバターの一種であるギー（牛や水牛の乳から作られたバターの乳固形分と水分を取り除いたもの）、脂肪になりにくいといわれるココナッツオイル、高温調理に強く酸化しにくいアボカドオイル、お腹周りの脂肪減少が期待できるMCTオイルなど、たくさんの油脂が一般スーパーの店頭に並ぶようになりました。知りたがりなので、機会がある度に少しずつ試しています（最近のお気に入りはアボカドオイル）。

近頃はたくさんの加工食品に含まれるハイフルクトースコーンシロップ（High-Fructose Corn Syrup／異性化糖、果糖ブドウ糖液糖）と砂糖がダイエット食品業界の新しいターゲットとなり、低糖、無糖の飲み物や食品、調味料が続々と登場しました。ジムの数も年々増え続けて人々は以前に比べて健康的な食事にシフトしているそうですが、何故か体重超過の割合は減る傾向が今のところ全くないそうで、アメリカの方々を過体重に追い込んだ戦犯的食材の解明が求められています。もしかすると本当の敵は、食べすぎを促してしまう私たち人間の脳なのかもしれません。私も探究の名のもとに、食欲という煩悩に負け続けています。

3.

Restaurants and Supermarkets

レストランとスーパーマーケット

三世代に愛されるファミリーレストラン

ロードトリップ中に南部の味を楽しみたい時は、テネシー州発祥のファミリーレストラン、クラッカー・バレル（Cracker Barrel）がお勧めです。1969年発祥のクラッカー・バレルは、ほとんどの店舗がハイウェイ沿いにあって利用しやすいのと、レストランに併設のお土産売り場にはクラシカルなお菓子やおもちゃ、雑貨、洋服などが大量にあるので、順番待ちをしている間に宝探しの気分で眺めているだけでも楽しくなります。

南部の田舎料理をメインメニューにしているせいかシニアのリピート率がとても高く、店の入り口にズラリと並べてある売り物のロッキングチェアにはシニアが座っている姿をよく見かけ、子どもや孫も一緒に食べられるものがあるということで、親子3世代や親戚らしき集まりをよく見かけます。

開拓時代をイメージした店内を歩いてカントリー調のテーブルにつき、何の気なしにお客を眺めていると、皆とても幸せそうです。早朝7時から営業しており、午前中はブレックファストメニューが(終日注文可能)、ランチ時間になるとランチとディナー共有メニューが供され、季節限定メニューもありますし、感謝祭の日は飲み物とデザートのパンプキンパイがセットになったスペシャルメニューが出ます(クリスマスは休業です)。

サイドディッシュはキャベツやブロッコリーと同じアブラナ科の葉野菜カラードグリーンや、かぶの葉、さやいんげん、うずら豆などの煮込み、トマトベースのベジタブルスープ、コールスロー、輪切りのきゅうりのピクルスに衣を付けて揚げたカントリーフライドピクルス、ぶつ切りのオクラに衣を付けて揚げたフライドオクラといった野菜料理が多めです。さらに、オーブンで焼いたベイクドマカロニ&チーズ、汁気がないほうとうのようなチキン&ダンプリング、ミートローフ、キャットフィッシュ(ナマズ)のフライ、シュガーハム(ハムステーキ)、グレービーがたっぷりかかったチキンフライドチキン(フライドチキンの衣を付けて揚げた鶏胸肉)など家庭の味的なコンフォート・フード(Comfort Food)が勢揃いし、全く気取っていません。南部の方にとってはホッとするものばかりで、100年以上前から存在しているような料理がメニューの端から端まで並びます。たまに「缶詰から出してそのまま温めましたか?」と突っ込みたくなるようなものもありますが(コーンや人参とか……)、それもまたご愛嬌。ランチとディナータイムには、メイン料理を頼むとバターミルクビスケットかコーンブレッドマフィンが付いてきます。どちらかに決められない時は両方頼んでも大丈夫です。追加料金はかかりません。

ブレックファストメニューには、粗挽き黒胡椒が効いたホワイトソースのソーミル・グレービー(Sawmill Gravy)を添えたバターミルクビスケットがあります。ソーミルとは製材所の意味で、19世紀にアパラチア山脈の南部で木材の切り出しを行っていた製材所の方々のために、安い材料費でお腹いっぱいになってもらえる料理として作り出されました。現在はカントリー・グレービーという名で広まっていますが、カントリースタイルのレストランでは、今でもソーミル・グレービーと呼ぶところがあります。

パンケーキやフレンチトーストもあります。縁や外側がカリカリとした風味豊かなバターミルクパンケーキは、パンケーキ専門店よりレベルが上だという人も多いです。アメリカのフレンチトーストは、サンドイッチ用の薄切り食パンを使用しているのでとろとろカスタード感は全くありませんが、軽いのでうっかり食べすぎてしまいます。

お店の味が気に入ったら、パンケーキミックス、シロップ、水分の配合を変えれば2種類の料理が作れるビスケット&ダンプリングミックス粉やコーヒーを買って帰ることもできます。店を出る頃にはお腹満タンで、次の目的地に向かって車を走らせる気力も充実していることでしょう。

ちなみに、クラッカー・バレルは基本的にいつも混んでいますが、平日の家事や仕事から解放された土曜日の午前中、教会での日曜礼拝後のランチ時、車移動が多い三連休中、そして車で実家や親戚宅に向かったり、事前予約した感謝祭料理を受け取りに来る客が多い感謝祭前と感謝祭当日は大変混雑しています。これらの日に空腹のピークで赴くと、食事にありつく頃にはフォークを持つ気力すら残っていないほど待つので、余裕を持って向かわれてください。

日本未上陸！　南部のお勧めファストフード店

南部に住まわれる予定やご旅行に来る機会はなかなかないと思いますが、これから日本に上陸するかもしれない個人的にお勧めのファストフード店をご紹介します。

ボージャングルス (Bojangles Famous Chciken'n Biscuits)

ノースキャロライナ州発祥のフライドチキンチェーンです。ケイジャンスパイスをまぶして12時間寝かせてから揚げたフライドチキンは、辛いものが苦手な人でも不思議と食べられるクセになる美味しさ。サイドディッシュにはグレービーがかかったマッシュドポテト、マカロニ＆チーズ、ダーティライス（スパイスたっぷりのピラフ）、ピ

ントビーンズの煮込み、コールスローなどがあります。各店で作っているバターミルク入りのビスケットはもちろん、お腹に余裕があれば、デザートに感謝祭やクリスマスの気分が味わえるフライドスイートポテトパイをどうぞ。

ただし、ノースキャロライナ州から離れれば離れるほど味が落ちていくという残念なところがあるので、可能な限り州内にある店をお勧めします（店の5割はノースキャロライナに集中）。

ここのマヨネーズを使わない酢が効いた甘酸っぱいコールスローが大好きだったのですが、いつの間にかマヨネーズベースになってしまいました。欲をいえば、他州に迎合せずに強気でいてほしかったです。

ポパイズ（POPEYES Louisiana Kitchen）

ルイジアナ州発祥のフライドチキンチェーンで、数年前に全米人気2位となりケンタッキーフライドチキンを抜きました。ケイジャンスパイスが効いたザクザクカリカリの衣がお好きなら是非。辛さはマイルドとホットの2種類があるので、必ず注文時に伝えましょう。

外カリッ、中ふわふわのビスケットにはコーンシロップ入りの蜂蜜をリクエストしてください。

以前のサイドメニューにはガンボやグリーンビーンズ、ケイジャンライス、茹でた軸付きのコーン、デザートのバナナプディングなどルイジアナ料理と南部料理感あふれるラインナップでしたが、年々それらを外し、今は、ケイジャンフライ（スパイス入りの衣を絡めて揚げた皮付きフライドポテト）と、好みが分かれるレッドビーンズ＆ライス（金時豆のケイジャンスパイス煮込み、長粒種のごはん添え）くらいしかルイジアナ色を感じません。残念です。

このポパイズが２０１９年にチキンサンドイッチ（チキンバーガー）を新メニューとして発売した時は、どこの支店に行っても大行列で、順番を巡って殺人事件まで起きるという物騒なことになりました。落ち着くんだアメリカ人（今は通常営業です）。

チックフィレー（Chick-fil-A）

ジョージア州発祥、全米一人気のあるフライドチキンサンドイッチチェーンです。味良し、店員さんの働きぶりも良しの素晴らしいお店。世界で初めてフライドチキンサンドイッチを作ったお店と謳っています（立証はできていません）。

バンズに挟まれているのは、塩と砂糖ベースのブライン液に浸し、薄い衣を付けて圧力式のフライヤーで揚げた皮なしの鶏胸肉にピクルスだけと、潔すぎるほどシンプルながらも、満足感があふれます。別料金のデラックスを指定すると、スライスしたトマトとグリーンリーフレタスが追加で挟まったものが出てきます。オーダーの際にソースの有無を聞かれるので、チックフィレーソースかポリネシアンソースを指定してください（無料で両方もらうこともできます）。もしそれらのソースが気に入ったら、近所のスーパーの調味料売り場にあるボトルサイズをお土産にどうぞ。サイドには、ピーナツオイルで揚げたじゃがいも、ワッフルフライを是非。そして飲み物

は、レモンの果肉が入っている超濃厚なレモネードがお勧めです。人工甘味料で甘みを付けたダイエットレモネードもあります。濃厚すぎて苦手な場合は、レモネードとアイスティーのハーフ&ハーフも注文可能です。その場合、紅茶は砂糖入りか砂糖なしか、レモネードは普通のタイプかダイエットかの選択をきちんと伝えてください。他にもレモネードとソフトクリームを合わせたフロステッド・レモネード（Frosted Lemonade）があります。爽やかなレモン味のシェイクで、いつも私を幸せな気持ちにさせてくれます。

ここの人参とパイナップルのサラダが人気だったのですが、随分前にメニューから消えてしまい、たくさんのファンを涙させました。日曜日は家族と過ごしたり教会に行ったりしてほしいという創業者の意向で、従業員のために全店お休みなのでご注意を。

期せずして3店全て鶏肉料理となってしまいましたが、他にもテキサス州発祥のハンバーガーチェーンWhataburger（今はシカゴの会社がオーナー）や、お手頃価格なのに、当日挽いた牛肉を使用してハンバーガーを提供するノースキャロライナ州発祥のCook Outなど、日本には未上陸のファストフードチェーンがたくさんありますので、いつか機会があればお試しください。

顧客満足度全米ナンバーワンのスーパーマーケット

南部を中心に展開しているフロリダ州発祥のスーパー、パブリクス（Publix）。ここを訪れると、なかなか他のスーパーに浮気しづらくなります。サザンホスピタリティー（南部流おもてなし）を地で行くスーパーで、サービス、店員さんの対応、痒いところに手が届いた品揃えなどなど、全米展開でないにもかかわらず、アメリカのスーパーにおいて顧客満足度ナンバーワンを獲得したのも納得です。

店内に入って最初に目に付くのはＢＯＧＯのコーナー。これは、ひとつ買えばもうひとつ無料のセールです（１５１ページ参照）。毎週木曜日にセール対象製品がかわり、店頭に置いてあるチラシを見ながら確認すれば見逃しがありません（このチラシもデザインが素敵です）。たとえそれらが売り切れていても、カスタマーサービスでその旨を伝えれば、次回入荷時にセール価格で買えるチケットがもらえます。ベーカリーコーナーには、パイやペイストリーの奥に色とりどりで華やかなケーキが並んでいます。注文も常時受け付けており、いつにどんなケーキが欲しいのかを選べるシートに記入して店員さんに渡せば、希望日に受け取ることが可能です。他のスーパーでもこのシステムはありますが、パブリクスの方が品質は上です。ショーケースの上には売り物とは別にチョコチップクッキーが置いてあり、これは無料で1枚もらえる子ども用です。その前を通ると、小さな子どもたちがはにかみながら店員さんにご挨拶して、嬉しそうにクッキーを受け取っている姿を度々見かけます。

そのお隣のデリでは、ハムやチーズの量り売り（142ページ参照）の他に、日本でもお馴染みサブウェイのようなセミオーダー式のサブサンドイッチを売っているコーナーがあり、人気です。対面注文販売コーナー以外にもスライスされて真空パックになった品揃え豊かなハムやチーズ、コールスローや味付けが違う数種類のポテトサラダなど、いかにもアメリカンな内容のプラスチックケース入りお惣菜コーナーもあります。南に行くほど南米系やカリブ系の方が増えるフロリダ州発祥だけあり、ハム、薄切りのローストポーク、スイスチーズ、ディルピクルスをイエローマスタードを塗ったもちもち感強めのバゲット風パンで挟んだキューバスタイルのサンドイッチ、キューバンサンドイッチが常時デリコーナーに並びます（シンプルですが美味しいです）。カリカリ衣のスパイシーなフライドチキンやピリ辛フライドウイング(薄く衣を付けて揚げた手羽先)に加え、ロテサリーチキンは数種類のフレーバーがあり、常に温かい状態で購入可能。濃厚な日替わりスープはとても満足感のある味です。店舗によって置いてある売り場は異なるのですが、伸ばして焼くだけのピザ生地も売っています。

青果コーナーへ移動すると、丁寧に並べられた鮮度も良い色鮮やかな果物や野菜たちがお出迎え。店員さんは常に機嫌が良く見え、いつも丁寧に対応してくれます。

対面注文式のシーフードコーナー横には、店頭で作る寿司コーナーがあり、シャリに玄米を使ったものや、ホットソースで辛みを付けたものなどカラフルなアメリカ寿司が並びます(ない店舗もあります)。毎週水曜日には、少し小さめのパックになりますが、5ドル均一の寿司の日になるので、たまに夫が何かご機嫌なことがあった時にお土産として買ってきてくれます。

精肉コーナーでは、綺麗にパック詰めされた肉類がいつも並び、私が豚バラ、豚バラと呪文のように唱えていた豚バラ肉はこのスーパーでお世話になりました(51ページ参照)。手に入らない肉類はここのブッチャーさん(精肉担当者)に相談すると、可能な限り取り寄せてくれたり、切り方を変えてくれます(内容によっては当日対応不可のこともあるので、余裕を持って)。

観光客が多く訪れる地域の店舗では、ローカル商品をまとめて取り扱っているコーナーがあり、他州の旅先でパブリクスを見つけると、つい立ち寄ってしまいます。州ごとにデザインが変わるオリジナルのエコバッグは、旅先のお土産としてもお勧めです。

ＢＯＧＯの該当商品は店舗の至るところにあり、ワインやビールが対象なんてこともよくあるので、店内をくまなく見るか、前述のように店頭にあるチラシを是非ご覧ください。セール品以外にストアブランドにも力を入れており、それらはメーカー品よりも安く購入できます。

レジでは購入商品をスキャンする会計の方と、袋詰め担当のバッガーさんがチームで働いていて、手際良く購入商品を紙袋やビニール袋に詰めて渡してくれます（スキャン前にどちらの袋が良いか確認されます）。車で来店してたくさんの品を購入した際は、カートを車まで押してトランクへの詰め込みまで手伝ってもらえるので、感謝の気持ちでチップを渡そうとしますが、「私たちは十分なお金をお店からもらっているので、チップは要らないんですよ」と笑顔で断られます。店員さんたちはパブリクスで働くことを誇りに思っている方が多く、他の一般スーパーで働いていたことがあってもパブリクスの面接で落ちることもあるそうで、人選にはかなり気を使っているようです。

全体のお値段的には中の中から上くらいですが、BOGOなどをうまく使えばかなり安く買えるので、是非セール品を狙って行ってみてください。

コンビニ付き巨大ガソリンスタンド

「ついに、あのバッキーズ（Buc-ee's）がやって来ます。しかもフロリダ州では初です。完成が楽しみですね！」ある日のローカルニュースで、テキサス州発祥のガソリンスタンドが北フロリダにできると紹介されているのを見た時は、「ガソリンスタンドだけでなんと大袈裟な。今日は事件以外のニュースがネタ切れだったのかな？」とぼんやり思っていました。その数ヶ月後、外出のついでにオープンしたばかりのバッキーズに立ち寄った際「なるほど、これは興奮するわ」と納得しました。

バッキーズは、カントリー調の土産物売り場併設のコンビニ付きガソリンスタンドですが、規模が違います。日本のちょっとしたサービスエリアくらいの敷地に80～１２０台のセルフ給油機が並び、土産物売り場があるコンビニは、大人でも待ち合わせ場所を決めないと出会えないほどの大きさがあるにもかかわらず、いつ行っても大混雑です。

建物内に入ってすぐ左手にはレジャー用品、子ども用のおもちゃ、サングラス、バッキーズのキャラクターであるビーバー（その名もバッキー）のぬいぐるみやグッズ、Tシャツ類が所狭しと並びます。右手にあるのは、ウエスタン臭たっぷりな帽子、南部を意識したロゴ入りTシャツ、牧場がたくさんあるテキサスをイメージさせる牛革バッグ、カントリーなアクセサリーや、旅の途中に使えそうな小さめのブランケット、家のデコレーションに使用する壁飾りなど色々あります。もう少し先へ進むと、キャンプやカントリースタイルの料理好きにはお馴染みロッジ（Lodge）の鋳物製品コーナーがあり、様々なサイズのダッチオーブンやスキレットといった定番はもちろん、凸凹が付いたグリルパン、とうもろこしの形をしたコーンブレッド用の焼き型や、大きなピザが焼けるピザ用のパンなども揃います。その前には、思わず手に取ってみたくなる南部料理の本がずらりと並び、毎回ここで浮き足立ちながら魅力的な料理本を探すのが楽しみです。

そしてやっと中央までたどり着くと、バーガー作りに勤しむ赤いボタンシャツにカウボーイハットを被った従業員の方々を発見。牛肉を使ったテキサススタイルBBQを大きな包丁で刻み、その場でバンズに挟んだBBQサンドイッチ（バーガー）などが売り場を占め、並ぶそばから飛ぶようになくなります。ブレックファストの時間帯には、テックスメックス（TEX-MEX テキサス&メキシコの融合料理）スタイルの、フラワートルティーヤ生地でスクランブルエッグとピリ辛ソーセージを巻いたブレックファストブリトーや、ソーセージパティを挟んだビスケットなどがあり、これらも人気です。その反対側ではグルグルと回る機械の中で、うっとりするほど甘いバニラとシナモンの香りを漂わせながら、ピカンナッツやピーナッツの砂糖がらめが作られています。

壁側に行くと、長いショーケースの中に、ゆうに10種類以上はある量り売りのビーフ

ジャーキー、巨大なシナモンロール、テキサスサイズと呼ばれる大きなマフィン、テキサスやオクラホマ州で人気の中央ヨーロッパをルーツとする惣菜、菓子パン、コラーチ（Kolache）が客を誘います。冷蔵コーナーでは、パックに入ったカットフルーツ、サラダ、サンドイッチ、角切りチーズとプレッツェルのおつまみセット、ゆで卵、デザートにヨーグルトパフェや南部のデザートであるバナナプディングが揃います。

飲み物コーナーへ行くと、1リットルは入りそうなドリンクカップを各自が手に取り、好みのソーダやフローズンドリンクをカップになみなみと注ぎ入れ、蓋をしてストローを差し、店を出る際にレジで支払います。コーヒーも同様に、各自で好きなフレーバーのものを注いだら、これまた好みのクリーマーや砂糖、甘味料で味を調えるセルフ式です。

奥のコーナーへ行くと、市販のペットボトルや缶の飲料、アルコール飲料、日用品などがあり、「そういえば、ここはコンビニでもあったな」とやっと思い出します。同じエリアに東ハトのキャラメルコーンのようなビーバーナゲットという名前のオリジナルスナック菓子や、あまーいファッジ（イギリスがルーツの、柔らかく口溶けが良いキャンディーの一種）などが至るところに並び、瓶詰めコーナーにはブドウ、ブラックベリーなどのジャム類、シナモンパウダーやピカンナッツ入りのトーストなどに塗る甘いスプレッド、チョコレート菓子、きゅうりやオクラ、うずらの卵のピクルス、ＢＢＱ用のミックススパイスなど、気になるものばかりです。

結局、休憩がてらちょっと見るだけのつもりで立ち寄っても、手ぶらで出たことは一度もなく、「後学のため」といいながら、いつもデザートやスナック菓子、スパイスなど何かしらの商品を購入してしまうのでした。

レストランでカスタムオーダー

シアトル生まれのコーヒー店で、カスタムオーダーとしておまじないのような呪文を唱えたことはありますか？　それを普通に受け入れてくれる店員さんの素晴らしさはもちろんですが、この注文スタイルは、こだわりの国アメリカならではだなあと思います。

このように細かく注文するのは、アメリカのレストランでは普通にあります。例えば朝ごはんを食べに行くとしましょう。色々ありますが、卵料理とソーセージ類が付いてくる一番スタンダードなセットを頼むとします。

まず粉ものは、パンケーキ、ワッフル、トースト、レーズンブレッドなどの中からどれか一品を選びます。メインはこれから。卵料理はどうしたいのか聞かれます。選択肢は目玉焼きとスクランブルエッグのどちらかで、卵は特別表記がない限り2個使用がスタンダードです。この時は目玉焼き（フライドエッグ）を選びました。そうすると、焼き加減を聞かれます。

ひっくり返さないで黄身がとろりとした状態のサニーサイドアップ、両面焼きで黄身はサニーサイドアップに近い状態のオーバーイージー、両面焼きで半熟状態のオーバーミディアム、さらに、両面焼きで黄身をきっちり焼くオーバーハード。目玉焼きだけでもこんなに細かいです。オーバーハードを注文すると、早く焼けるためか、問答無用でひっくり返す際に黄身を潰して焼くレストランが多めです。潰してほしくない場合は、そのように指定します。

ちなみにスクランブルエッグは基本的にパッサパサになるまで焼いてくれますが、少し柔らかめのソフトセットにしてと頼んでもOKが出ます。日本のホテルの朝ごはんにあるような、とろとろスクランブルエッグは基本的にありません。卵料理には、ブレックファストソーセージという、豚挽き肉にセージパウダーと黒胡椒を練り込んだ人差し指サイズのケーシングなし生ソーセージを焼いたものか、ベーコン、ハムのどれがいいか聞かれるので、好みのものを指定します（ソーセージはパティ状の時もあります）。ベーコンは焼き加減を指定しない限りカリカリで出てきます。苦手な方は、ソフトな焼き加減を頼むといいでしょう。

飲み物は、今日は暖かい日だからアイスティーにしようと決めました。すると、無糖ですかお砂糖入りですかと聞かれます。無糖の気分じゃないけれど甘すぎるのも困るなという場合には、ハーフ&ハーフをお願いすると、無糖と砂糖入りを半量ずつ混ぜたアイスティーが出てきます。数種類の人工甘味料の小袋はありますが、ガムシロップはありません。

暑い日には、アーノルド・パーマーもお勧めです。アーノルド・パーマーは、レモネードとアイスティーをミックスした飲み物で、昭和のゴルフ好きにはお馴染みの、伝説的プロゴルファーであるアーノルド・パーマー氏のお気に入りの飲み物ということで、この名前になりました。アメリカのスーパーやドラッグストアに行けば、彼の白黒写真入りの缶入りアーノルド・パーマーが売られています。そして、このアーノルド・パーマーを頼む時にも、アイスティーは無糖なのか砂糖入りかを伝えないといけません。

朝ごはんを注文するだけでも、こんなカスタムオーダーに嫌な顔せず対応してくれるのだから、チップは払って当たり前だなと思わせる具合です。

細かすぎて英語で注文するのがパニックになるようでしたら、スマホのメモを開いて、事前入力したものを指差しながら注文するのも、お互いに分かりやすくていいと思います。

余談ですが、蓋をして蒸し焼きにした日本の目玉焼きは、アメリカの一般的な注文方法にはありません。英語ではSteamed Basted Eggsと呼ぶと知ったので、説明しながら注文したことはあるのですが、厨房の方には面倒なオーダーだったのか、もしくはテーブル担当の方には理解してもらえなかったのか、自信満々に両面焼きのオーバーハードで出てきました。夫婦でこの焼き方が好きなので（細かくいうと、黄身が丁度固まったばかりのもの）、次回は名前を微妙に変えて、分かりやすくSteamed Fried Eggsとし、写真も見せながら注文しようと意気込んでいます。

食べ切れなくても残しません

日本の飲食店はパンデミックを境に持ち帰りについて柔軟になった気がします。しかし、持ち帰りといっても、事前か店頭注文で持って帰るテイクアウトのことで、食べ切れなかった料理を持って帰るのはお断りされるところが多いのではないでしょうか。数十年前は「残りは包んでください」とお願いすると、問題なく受け入れてもらえるお店が多かったように記憶しているのですが、事情があるのか、今はあまりなさそうです。

アメリカでは、食べ切れなかった料理の持ち帰りは非常にポピュラーです。何しろアメリカ人にとってもひとり分の量が多いので、若い時はいざ知らず、初老になった今ではさすがに食べ切ることが難しくなりました。そんな時は、テーブル担当の方にお願いして持ち帰りたい旨を告げると、トゥーゴー・ボックス（To-go Box）という専用の容器を持ってきてくれます（基本的に容器代は無料）。担当の方が先に聞いてくれることもあります。それに自分であれこれ詰めるのですが、ＢＢＱビーンズなど形を保てないものは別に小さな容器を渡され、なんとお代わり無料のものは、飲み物も持って帰れます（これは飲み残しではなく、新しいものを用意してもらえます）。

アメリカ料理店だけでなく、アジア系など他国の料理店でも同様に持ち帰りが可能です。以前、人気のベトナム料理店へ友人と一緒に行った時のこと。私たちが食事の最中にもひっきりなしに事前注文の品を受け取りに客が訪れていたので、何の気なしに見ていると、聞こえてくる会話の端々から、熱々のフォーを持ち帰っている客が意外と多いことに気が付きました。汁のある麺料理は、出来立てをその場で食べるものだと考えていた私には、なかなか予想外の光景です。そんな中、友人が食べ切れなかったフォーを持ち帰るといい、お店が提供してくれた密閉容器に入れた時には、それもありなんだ！と心の中で静かに度肝を抜かれました。お店の方も驚くことなく、ハイどうぞと容器を渡します。再度食べる時には米麺がのびのびになっているだろうけど構わないのかな、と表情には出さないように心配しましたが、人の好みはそれぞれです。

このように、基本的にほぼ全て持ち帰り可能なので客が食事を残すことは少なく、お店の方としても、せっかく作った料理を残されるより、持って帰ってもらった方が心理的負担は少ないのではないでしょうか。フードロス問題の解決にも繋がると思います。また飲食店ではありませんが、ポットラックでも食べ切れなかった残りは皆で分けて持ち帰ることが一般的で、ホストは持ち帰り容器やアルミホイルを多めに用意しています。

ちなみに、ビュッフェ（Buffet, All-you-can-eat／食べ放題）で食べ切れなかったものを同様に持ち帰ろうと思ってはいけません。持って帰る場合はレストランの規定重量に応じた追加料金がかかりますので、くれぐれもお気を付けください。

ドキドキ、デリカテッセンデビュー

アメリカのスーパーへ行くと、デパ地下のような対面注文式惣菜売り場の近くに、大きな塊のハムとチーズがたくさん並ぶショーケースがあります。薄切りや厚切りのハム、チーズのパックは別に売っているのになぜ別にあるのだろう、塊で買うのだろうかと気になっていたのですが、好みの厚さで必要な量だけを注文できるデリカテッセン（ほとんどの場合、デリと省略）だと知ったのは、他のお客さんがそれらをオーダーしている時でした（店によっては番号順のチケット制）。ここでは注文方法をご紹介します。

まず欲しいハムやチーズを選びましょう。選択肢がありすぎてどれがいいか分からなければ、「サンドイッチに使いたいのですが」とか「人気のものはどれでしょう」などと尋ねて、試食をしながら一緒に選んでもらうこともできます。ちなみに私が好きなのは、スモーキーな薫りをまとってフルーツとの相性が良いブラックフォレストハム（Black Forest Ham／本場ドイツの生ハムタイプと違い、加熱処理済み）と、クセがなくクリーミーな味わいのクリーム・ハヴァーティ・チーズ（Cream Havarti Cheese／デンマークスタイルのセミハードチーズ）などです。

次に厚さを伝えます。基本的には、スィン（Thin／薄切り1・5ミリ）、ミディアム（Medium／普通3ミリ）、スィック（Thick／厚切り4・5ミリ）に分かれてはいますが、超薄切りと超厚切りを加えて最低5段階、店によっては最大20段階にスライサーの厚さが分かれているので、慣れるまではなかなか厄介な代物。ショーケースや奥の壁面に、写真などで厚さのチャートを用意してくれているところもあるので、それを参考にするのがお勧めです。例えばハムでしたら、薄切りの「スィンでお願いします」と伝えれば、向こうが透けないほどよい薄さでスライスしてくれます。これは、ひだを作るように折り畳みながらパンに挟んで食べる、薄手のサンドイッチに向いています。厚さが決まると確認のために、一枚スライスして手渡してくれることもあります（薄いもののみ。返答後、そのまま試食して大丈夫です）。

最後に量を伝えます。ショーケース内のハムやチーズには「1パウンド何ドル」と書いてありますが、量り売りの値段を説明しているだけなので、そんなにたくさん購入する必要はありません（1パウンドは約450グラム）。かといって実際どれだけの量が欲しいのかもよく分からないので、その場合は「アペタイザーとして○人で食べたいのですが」などと一般的な必要量を教えてもらってから決めても大丈夫です。有名メーカーBoar's Headの目安としては、¼パウンド（約113グラム）がサンドイッチ1〜2人分、½パウンド（約225グラム）でサンドイッチ3〜4人分とされています。他に、事前にパック済みハム売場で重量表示を見て、これくらいなら食べ切れそうと思った量を伝えるのもいい方法ですし、欲しい枚数で注文することも可能です。さあ、これでやっと全ての工程が終わりました。あとはスライスしてもらって、ポリエチレンシートと内側が防水加工された紙で包んでもらい、値札が貼られたそれを受け取るだけです。もちろん、ニッコリ笑顔でお礼をいうのをお忘れなく（会計はレジで）。同じようなもののパック入りが売っていても、あえて自分でカスタマイズ注文することが、非日常っぽくて妙に嬉しくなります。初めて楕円形の厚切りベビー・スイスチーズ（全乳から作るアメリカスタイルのエメンタールチーズ）をデリで購入した時に、ウキウキしながらカンパーニュに似たパンの上にのせてオーブンの上火で焼き、アニメ『アルプスの少女ハイジ』でおじいさんが暖炉で焼いてくれる、とろりと伸びるチーズパンごっこをしたことは忘れられません。

デリで購入したハムやチーズは、家でのディナーデートや記念日、客人をもてなす際のアペタイザーなどになります。旅先なら、外食後にちょっといいハムやチーズを少量つまみながらホテルの部屋でくつろがれるのも楽しい経験になると思います。機会があれば、どうぞチャレンジしてみてください。

デリカテッセンの厚さと目的別チャート

※店によっては基準や名称が違う場合もあります。
あくまで参考程度に

ヴェリースィン（Very Thin／超薄切り）

崩れにくい固めのハムやサラミなどに

スィン（Thin／薄切り）

チキンやターキーのハム、ローストビーフ、ハムを折り畳んで挟む薄手のサンドイッチなどに

ミディアム
（Medium／普通、別名サンドイッチカット）

普通のサンドイッチ、チーズなどに

スィック（Thick／厚切り）

細切りにしてサラダのトッピングなどに（ハムカツやハイジのチーズパンごっこにも）

ディナーカット（Dinner Cut／超厚切り）

食べ応え実感向き。角切りにして、スープや一口サイズのアペタイザーに

シニア割引と胃腸の関係

日本のシニアの方の外食事情を見てみると、肉や魚を召し上がる時でもあっさり系を選ばれることが多いようです。若い頃はこってり大盛りが常であっても、ある年代を境に胃痛や胃もたれが始まり、量や脂っこいものを食べられなくなり、あっさり傾向へシフトする方が多数派なのではないでしょうか。ではアメリカはどうでしょう？

アメリカのファミリーレストラン、シーフード料理店、パンケーキ店などに行くと、シニアの方をよく見かけます。ＢＢＱレストランでも普通にお見かけします。こっそり聞き耳を立てて注文内容を聞いてみると、飲み物はアイスティーの確率が高いですが、注文しているものは若者や中年とそれほど変わりません。アメリカのシニアは胃腸が丈夫なのだなあと思っていました。さらに、ある程度の年齢（55歳以上もしくは60歳以上）になるとシニア割引を適用するレストランが多く、生年月日が分かる身分証の提示か自己申告で、特定の日やどの日でも10～15パーセント割引というお店が意外にあるので、それを目当てに来店する方もたくさんいらっしゃいます（アパレル関係でも割引適用のところがあります）。

毎週火曜日になると、フライドシュリンプが激安になるローカルに人気のシーフード料理店が近所にあるのですが、開店時間にはシニアの方が真っ先に訪れます。ファストフード店もよく利用されているようで、朝の時間にはシニアの方がグループで「今日のコーヒーは私のおごり」なんてやっているのが微笑ましく、私も無事シニア世代になれたらこんなことをやってみたいなと思っていました。人種の違いなのか、長年の肉食文化が胃を丈夫にしているのか、アメリカでも１００歳以上のご長寿の方が増えてきたので、アメリカ型の食生活全てが悪いわけではなさそうです。好きなものと一緒に野菜や豆類、穀類をバランス良く食べて、積極的に人と交流し、適度に運動することが長生きの秘訣なのかもしれません。

しかし、アメリカのシニアは、なぜあんなに肉類や揚げ物が平気なのだろう、胃薬の種類も胸焼け対応のものばかりで、日本に比べれば少ないしなあと思っていたら、先日衝撃の事実を知りました。なんと、アメリカだけでなく、ヨーロッパなど狩猟民族を祖先に持つ人種の方々は、そもそも胃の形と胃壁の厚さ自体が日本人と違うというのです。

長らく食肉を（公式には）禁じられてきた歴史を持つ農耕民族の日本人は、穀物の消化に適した釣り針型の鉤状胃《こうじょうい》を持ち、胃壁が薄くて胃酸が少なめ。胃の働きもゆるやかなため、消化に時間がかかって胃痛や胃もたれが出やすい傾向にあるとのこと。ですが欧米人は、横に張り出した牛角型の胃を持ち、胃壁が厚くて胃酸も多め。胃の働きが活発なので、比較的短時間で食べ物を十二指腸に送り出します。そのため、胃に負担がかかりにくく、胃がんすら日本人に比べれば少ないのだそうです。その代わりに胸焼け症状が出やすいと知り、アメリカの胃薬事情に合点が行きました。

人種でそこまで違うなら、それは年を取っても違うよなあとスタート地点での違いをまざまざと生物学的に見せつけられ、アメリカ人と全く同じ食生活を長年するのは、日本人には土台無理なのだと分かり、シニア割引への楽しみが減ってしまいました。そんな欧米型の胃を持つ夫は、昨年の秋からついにシニア割引が適用になりました。シニアっていうと年寄りくさいから、ヤングシニアと呼んでほしいそうです。よっ、ヤングシニア。羨ましいぞ！

クーポンとセール

クーポンはお好きですか？　世代や人によっては利用することに抵抗を覚えるかもしれませんが、私にはありません。一部を除いて万事慎ましやかな夫も同様で、何なら私よりセールやクーポンが好きです。日本でクーポンといえば、飲食店のものが多いように見受けられます。もちろんアメリカにもあり、近所でレストランがオープンすると、お知らせを兼ねて郵便受けにクーポン付きのメニューが投函されます。お気に入りのレストランがあればメールアドレスを登録しておくと、不定期でクーポンが届きます。それらは一定金額以上の利用で5ドル引きや10～20パーセント引きのものが多く、誕生日ですとデザート一品どれでも無料というものもよくあります（当日限定が主流）。アメリカのスターバックスでは、アカウントを作っておけば誕生日限定でどのサイズでも一品無料になります。中には超太っ腹なところがあり、近所のＢＢＱレストランは、飲み物もセットになった特定メニューが無料になるクーポンをメールアドレスに送ってくれるので、ありがたく利用しています（しかも有効期限長め）。

それ以外にも、特別な記載がなければ、どこのスーパーでも利用できるクーポンがあります。かつては週に1回、生活必需品を中心にまとめたクーポンの小冊子が郵便受けに届いていました。ドラッグストアで購入する日曜版の新聞には、大量のクーポンが広告と一緒に挟まれ、必要なものをその中からちょきちょきと切り取るのが人々のお約束でした。そのクーポンは、クーポンオーガナイザーと呼ぶ長財布サイズの蛇腹式ファイルに、飲み物や瓶詰め、乳製品、調味料、ペットフードなどといったカテゴリーごとに分別して収納し、会計の際にその中から必要なクーポンを取り出してレジの方に渡すか、セルフレジでスキャンします。食料品や日用品のクーポンは、会計ごとではなく一商品につき一枚使用可能なことが多いので、同じクーポンが数枚あれば、該当商品を一回の買い物で複数個購入することもできます。セール価格になっているものでも適用になるため、それらの商品を中心に選んでクーポンも使用すると合計から面白いように金額が引かれ、行ったことはありませんが、カジノで大儲けしたような強烈な達成感と満足感が得られます。

買い物中に定価商品の購入を迷っていると、後ろから「クーポンあるわよ」と声がかかり、見ず知らずの方から分けていただいたことが何度もありました。その方々はほぼ100％の割合でセールとクーポンの荒波を乗り越えてきた妙齢のご婦人で、話が弾むとお買い得情報やそれを使ったレシピを教えてもらったこともあります。ご自分に必要のないクーポンは該当商品のところにそっと差し込んであることもあり、感謝しながら使用したのは一度や二度ではありません。その親切な方のことを私はクーポンの妖精と呼び、機会がある度に、私も同じようなことを繰り返したものです。

イベントや行事の際は、食材やそれにまつわる食料品がよくセールになります。独立記念日であれば、ホットドッグやステーキ肉、チップス類とディップ、ビールなどがお安くなり、1個買えばもう1個は無料というバイ・ワン・ゲット・ワン・フリー（BUY ONE GET ONE FREE）、頭文字を取って通称ボゴ（BOGO）と呼ばれるセールもあります。初めて見た時は、あまりの安売り具合にびっくりしました。パイをふたつ買ったらうちひとつは無料、肉を2パック買ったら1パックは無料、ビールを2ケース買えばその1ケースは無料など、訳が分からないほど得をした気分になります。しかし気を付けないと、安売りスーパーの通常価格と変わらないこともあるので、普段の値段を知っておくことが大切です。しかしうまく買えた時には、びっくりするほど節約できるのでたまりません。ところが近頃は、このＢＯＧＯに罠があります。１個購入したらもう１個無料なのかと思いきや、１個購入したら２個目は半額、２個買ったら３個目が無料なんてこともあり、何度か罠に引っかかりました。よく見ると、ＢＯＧＯの値札下に目立たないように書いてあります。見落とすと謎の敗北感に襲われるので、負けるものかと注意深く読むようになりました。そんなＢＯＧＯでさえもクーポンと併用できるので、嬉しさのあまり大して必要ないものを買いそうになる夫を何度も止めたことがあります。

今ではクーポンのデジタル化が進み、利用するスーパーのポイントカードと紐付けて、会計時に自動で値引きされるスタイルや、サイトで必要なクーポンのみを印刷して使用するやり方が中心になりました。なので、クーポンフォルダー持参で買い物をする方は全くといっていいほど見かけません。あのクーポンの妖精の方々は今もご活躍なのでしょうか。またいつかお目にかかりたいなと思っています。

スーパーの片隅にアジアンフーズ

日本のスーパーの一角には、アジアンフーズコーナーがあるかと思います。アメリカのスーパーにも同様にあります。日本との違いは、このコーナーに日本の食品が入ることです。どんな日本のものが置いてあるのか気になりませんか？　ここでは近所のスーパーで見かけるものをご紹介したいと思います。

日本の料理に欠かせない醤油は、北米キッコーマンの方が何十年も前に靴底をすり減らしながら地道に営業を頑張ってくださったことで、キッコーマン＝醤油のイメージが浸透しており、どのスーパーへ行ってもキッコーマンの醤油が手に入ります。品揃えが良いところでは、ヤマサの醤油も並びます。どちらにも減塩醤油はあるのですが、淡口《うすくち》や濃口、九州の人間にはお馴染みの、甘口やうまくちの取り扱いはありません。これらが欲しい場合は、アジア系食料品店に行く必要があります。

米は、23ページでも触れた牡丹と錦、錦の玄米が売っています。S&Bのゴールデンカレールーもあります。これは日本産なので味も日本のものと全く同じと思いきや、肉類のエキスは入っていません（日本産の肉類は、畜肉エキスも含めてアメリカへは輸出できないのです）。Mizkanの米酢は、すし酢と横並びです。みりん風調味料も登場しました。置いたり置かなかったりを繰り返していたキユーピーのマヨネーズは、やっといつでも買えるようになりました。日本風のパン粉はPANKOの綴りでペンコゥと呼び、キユーピーのマヨネーズ同様に（マヨネーズの話は99ページへ）、アメリカの目が細かいパン粉とは別物扱いです。

アメリカのラーメンブームを受け、インスタントラーメンの品揃えも良くなりました。長らく北米日清のカップヌードルは、本家日本のものとは似ても似つかない味でしたが、ついに日本のものとほぼ変わらないアメリカ産の製品（オリジナル、シーフード、カレー）が登場し、日本のカップヌードルに飢えていた在米日本人を歓喜させました。ただし、オリジナルにはダイスミンチ（通称謎肉）が入っておらず、アメリカのブレックファストソーセージの風味（セージと黒胡椒）がする、豚肉を使用したアメリカ版謎肉が入っています。袋麺としてはかなり高級な扱いになるラ王もお目見えしました。サンヨー食品のサッポロ一番は、アメリカでも醤油、味噌、塩味が売っているのですが、何故かどのスーパーでもどれか1種類しか置いていません。スーパーで目にすると、「ほう。ここのスーパーは味噌を推してるのか」と心の中で呟いています。豚骨エキスが入らず鶏エキスがメインのとんこつフレーバーラーメンもあります。

菓子類ではグリコのポッキーがあります。オリジナルのチョコレートの他に、ストロベリー、日本には今のところないクッキー&クリーム味が並んでいます。ロッテの「コアラのマーチ」や、森永製菓の「ハイチュウ（HI-CHEW）」も買えるようになりました。ハイチュウには、日本にはないコーラ味やドラゴンフルーツ味といったフレーバーのアソートパックや、クエン酸多めの酸っぱいものもあります。スナック菓子ではカルビーの「かっぱえびせん」が健闘しています。これは、パッケージにエビの写真やイラストがなかったので、長らくかっぱえびせんだとは気が付きませんでした。飲み物は、伊藤園の「お～いお茶」と「天然美香ジャスミン茶」、「金の烏龍茶」の500ミリリットル入りペットボトルが並び、無糖の緑茶が普通に買える日が来るなんてと感慨ひとしおです。

意外だったのが炭酸飲料ラムネの浸透です。アメリカの日本料理店で置かれるようになったラムネが、あのビー玉が入ったガラス瓶や味を含めてアメリカの方に受けたようで、今ではアジアンフーズコーナーでも見かけるようになりました。

特に人気になるとアジアンフーズコーナーから飛び出し、一般食料品コーナーに陳列されます。私はそれを栄転と呼んでおり、認知度と人気が上がって出世したんだと、とても嬉しくなります。最近では米酢、日本の味に近い方のカップラーメン、とんこつ（フレーバー）ラーメン、「ハイチュウ」が巣立っていきました。先輩には野菜売り場の健康志向スナックコーナーへ大栄転したカルビーの「さやえんどう」（商品名はHarvest Snaps。日本にはないたくさんのフレーバー展開）、ビールのおつまみコーナーにわさび豆（Wasabi Peas）などがいます。

私が住んでいるエリアのアジアンフーズコーナーはなかなか広がりませんが、その斜め向かいにある中南米食品のヒスパニックフーズコーナーは倍以上あるので、隣の芝生は青いではありませんが、密かにライバル心を燃やしています。

次はどの製品が栄転するでしょうか。売り上げの手伝いをしながら、次世代の出世頭を待ち望んでいます。

品揃え豊富なアジアングローサリー

アメリカ南部の料理本ばかり書いているので、もしかしてこの著者は日本のごはんにあまり興味がないのかなと思われる方がいらっしゃるかもしれませんが、そんなことはありません。日本とアジアのごはんには並々ならぬ情熱を持っています。

北フロリダに引っ越してきた当初は、家探しは1日で終わったのに、その事務手続きの合間に20件近くのアジア系食料品店を見て回りました。今、私が住んでいるエリアには、巨大な日系スーパーやアジア系スーパーは残念ながらありません。日系だとコンビニサイズが、韓国系やベトナム系、中国系では、一番大きいところでコンビニの3～4倍ぐらいです。その中から、宝探しのようにする食材発掘が毎回とても楽しみです。最初の頃は、日本では手に入りにくかったアジアのあの調味料がこんなに安く買える！と喜ぶ一方で、日本ではあんなに安かったあれがこんなに高い！などいろんな発見がありました。

せっかくアジア系の割安調味料や食材が手に入るのだから、それでいかに美味しく日本やアジアのごはんを作れるのかにチャレンジするのが楽しくて、南部料理と同等の勢いで研究していました。今、冷蔵庫にある調味料は日本のものよりアジアの方が多いくらいです。

例えば缶詰の茹で小豆は値が張るので、他国産の大納言サイズで作り、乾物の細切りキクラゲで佃煮を作り（照りにはコーンシロップを使用。煮ている間にバニラの香りは飛びます）、フィリピンの春巻きの皮を使ってアメリカスタイルのベトナムの春巻きを作り（通常はライスペーパーを使用）、フィリピン産のかんすいで中華麺を作り、手に入りにくい淡口醤油の代用でタイのマッシュルームソイソースを使って茶碗蒸しを作ったり、食用石灰で台湾の豆花《とうふぁ》や冬瓜の砂糖漬けを作るといったように、日本に住んでいた頃と違ってあまり神経質には産地を気にせずに、貪欲に食べたいものを作ります。あれが食べたいから日本に帰りたいをいかに少なくするかに情熱を傾けていたら、どんどん作れるものが増えて、アメリカの田舎で手に入る材料でも作れる和食の料理教室を開催できるまでになりました（今はお休み中）。

4.

Tea Time

お菓子とお茶

フロスティングはケーキの主役？

アメリカのデコレーションケーキをご覧になったことはあるでしょうか？　色鮮やかで、細部まで繊細にデザインされたもの、本当にプロが作ったの？と思うような不思議なものなど色々ありますが、デコレーションに使われているのは、ほとんどの場合生クリームではありません。フロスティングと呼ばれる、アメリカスタイルのバタークリームです。

昭和生まれの方でしたらご存じだと思いますが、かつて日本のデコレーションケーキには、バタークリームを使ったものがよくありました。私はあの味が得意ではなく、小学生の時は、せっかく栄養士さんが予算をやりくりして給食に用意してくれたバタークリームベースのケーキを、うへーと思いながらなんとか食べていた記憶があります。

その当時のバタークリームは、イタリアンメレンゲ・バタークリームと呼ばれるイタリアスタイルのもので、卵白に熱々のシロップを加えながら泡立てて作ったイタリアンメレンゲを、クリーム状にしたバター（当時はおそらく製菓用マーガリン）に少しずつ加えて混ぜ合わせたものです。デコレーションの形が綺麗に出る上に保持性があって崩れにくいので、職人さんにとっては助かると思いますが、卵白の匂いや当時のマーガリンの味が私はとても苦手でした。

バタークリームは国ごとに材料や作り方が異なり、アメリカのバタークリームに卵は入りません。バターと粉砂糖、固さ調整に生クリームかコーンシロップ、甘みに奥行きを出す少量の塩、香り付けのバニラエクストラクトをふわふわになるまでミキサーで混ぜるだけと、簡単でとてもシンプルです（クリームチーズフロスティングの場合には、そこにクリームチーズが入ります）。卵白の匂いがないだけでこんなにも平気なのかと、初めて食べた時はとても驚き、苦手意識が一気に消えました。しかし、バター1に対し粉糖1で作るアメリカのバタークリームは激甘かつカロリーの塊なので、それを剥がして召し上がる方も結構いらっしゃいます。ですが、アメリカのデコレーション用ケーキ自体は意外に甘さ控えめなので、バタークリームを剥がすとかえって物足りなく感じるかもしれません。

イベントごとにはケーキは欠かせず、バースデー、リタイア、ウェディングなどなど、折に触れてバタークリームでデコレーションされたケーキが登場します。生クリームのものと違って食べる直前まで冷やしておく必要はなく、数時間は常温に置いておけるのでイベントごとにはもってこい。おまけに分離せず扱いやすいので、デコレーションの練習にもぴったりです。

スーパーのベーキングコーナーでは、厚手の紙の容器に入った色とりどりのバタークリームがフロスティングの名前で売られていますが、バターは入っておらず、代わりにショートニングが使われています。それに合わせる様々なケーキミックスも売っています。そのケーキミックスと市販のフロスティングを使って、日頃からケーキを作る方はたくさんいらっしゃいますし、それをベースにしたケーキのアレンジレシピも山のようにあります。同じ材料でカップケーキを作ることも可能で、アメリカの小・中学校ではイベントなどの際に、親御さんがこのケーキミックスとフロスティングを使って色鮮やかなカップケーキをしばしば作っています。

市販のフロスティングはもちろんのこと、手作りのバタークリームもそこそこ日持ちします。生クリームを使っていないものなら冷蔵で約1ヶ月、冷凍で約3ヶ月保存できるといわれています（冷蔵庫で解凍し、よく混ぜてから使用）。

アメリカのデコレーションを目的としたケーキは、日本のスポンジケーキよりもキメが粗めで、スポンジにシロップを打つということも基本的にしません。日本人は食パンとスポンジケーキにキメとしっとり感を求めますが、アメリカでは両方ともあまり重要視されていないようで、「アメリカのサンドイッチはパサパサでいまいち」という日本の方がいれば、逆に「日本のサンドイッチは、具は美味しいけれど、パンが生っぽくて苦手だ」と思っているアメリカの方もいるので、この辺りは食文化の違いのようです。

以前、アメリカのケーキと日本のケーキのいいとこどりをして作れば良いのではないかと思い、日本のスポンジケーキにアメリカのバタークリームを、アメリカのデコレーション用ケーキに生クリームを塗ってみましたが、それぞれを食べ慣れているせいか、前者はバタークリームの甘さがきめ細かなスポンジに対して威圧的で、後者は改善すれば美味しくなりそうですが、そのままでは物足りなく感じ、お互い相容れていない気がしました。あえて無理に仲良くさせようとせず、日本は日本の、アメリカはアメリカのケーキをそれぞれ楽しむのが良いのかもしれません。

青いケーキは美味しそう?

スナック菓子やシリアルなど、子どもの頃から色鮮やかな食べ物に囲まれているためか、老若男女問わず着色料にそれほどうるさくないのがアメリカです。スーパーのベーカリーコーナーには、通年カラフルなデコレーションケーキが並びます。普段はシンプルなドーナツも、バレンタインデーには赤やピンク、セントパトリックデー(司教聖パトリックの命日)には緑、イースター(復活祭)にはベビーイエローやベビーピンク、独立記念日には赤、白、紺、ハロウィンにはオレンジや黒などのアイシングで着色され、とてもカラフルです。

青色は食欲減退色であるといわれているので、日本では食品を青く色付けすることはあまり好まれませんが、アメリカでは真っ青なバタークリーム(フロスティング)をデコレーションに使ったバースデーケーキなどは特に珍しくありません。その話は英語圏では知られていないのかなと思い調べてみると、論文などでもちゃんとその旨が指摘されていたので、日本独自の考えではありませんでした。単に日本ほどは気にされていないようで、約20年前には青いケチャップが販売されたこともあります（緑や紫も）。

色付けされたケーキには、たっぷりの食紅を使用したダークレッドカラーのレッド・ベルベット・ケーキ（Red Velvet Cake）なんてものもあります（カラーコード #8B0000 の色）。元々は、1800年代のビクトリア朝時代、ココアをベースにした生地に、重曹を加えて焼いたことで、弱酸性のココアと弱アルカリ性の重曹が化学変化を起こし、赤みがかったココアケーキができたのがこのケーキの始まりといわれています。その当時は、ベルベットケーキやレッドココアケーキなどと呼ばれていました。

その後、1910年代のアメリカの料理本にこのケーキが登場し、1930年代にニューヨークのザ・ウォルドーフ・アストリア・ホテル（The Waldorf Astoria Hotel）がこのケーキをレッドベルベットケーキの名前で出すようになりました。この頃にはケーキの材料にバターミルクが加えられるようになり、ココア同様に弱酸性であるバターミルクの作用によって、当初のものよりもっと赤みがかっていたようです。

そしてある日、テキサス州から訪れていたご夫婦がこのケーキを召し上がりました。着色料や香料の製造販売会社アダムス・エクストラクト・カンパニー（Adams Extract Company）を経営していたご主人が、このケーキに自社の食紅や香料を入れたら製品の売り上げに繋がるのではと思い付き、製品のパッケージにレシピを印刷して販売しました。それが、現在アメリカでスタンダードなレッドベルベットケーキです（サイトにレシピが掲載されています）。南部の方はこのレッドベルベットケーキが大好きで、ウェディングは元より、カップケーキ、ブラウニー、ロールケーキ、クッキーなど、隙あらばココア生地を赤くしています。

第二次世界大戦中のアメリカでは砂糖やバターが配給制になり、ココアや着色料も入手困難になったため、ケーキ屋や家庭では根菜であるビーツの搾り汁や煮汁を食紅の代用として使いました。今もビーツを使ったレシピは出回っています。しかし、現在のココアはダッチプロセスというアルカリ処理されたものが中心で（オランダのココアメーカー、ヴァン・ホーテンが開発したことにちなんでいます。ダッチ＝オランダの）、このタイプのココアを使用すると、焼いている間に色鮮やかなビーツの赤は消えてしまうので、作る際はナチュラルプロセスのココアが必要です。

デコレーションケーキを作るための用品は、アメリカではクラフトショップなどで取り扱いがあり、以前は液体の着色料が主流でしたが、レッドベルベットケーキに必須の赤を除き、扱いが楽なジェルに取って代わられつつあります。ちなみに日本で一般的な粉末タイプは非常に珍しいです。

近頃は、大量の着色料は子どもの健康に良くないかもしれないので、着色料をなくそうという運動がカリフォルニアを中心にあるようですが、世に出回っているもの全てをなくそうではなく、子ども向けの商品だけなので、大人は適用外なのねと成り行きを見守っています。

なお、かき氷の青色のシロップというと、日本ではハワイアンブルーのあの味を想像しますが、アメリカでは青色のシロップにはラズベリーのフレーバーが定番で、ハワイアンブルーのイメージで食べると、舌と脳がびっくりします。

コーヒーケーキとティービスケット

コーヒーケーキ（Coffee Cake）と聞くと、どんなものを想像されますか？　ティービスケット（Tea Biscuit）はどうでしょう。濃いめに淹れたコーヒーや刻んだ紅茶の葉が生地に混ぜ込んである、香り良い焼き菓子を思い浮かべる方が多いのではないでしょうか。残念ながら、これらにはどちらも入っていません。

アメリカでいうコーヒーケーキとは、コーヒーに合う焼きっぱなしのケーキを指すことが多く、代表的なものは、シナモンパウダーやクルミ、ブルーベリーなどが入ったもので、主に長方形のブラウニー型を使った高さのないものです（丸型を使ったものもあります）。デコレーションをする必要がないので、基本的な材料さえあればすぐに作れ、切り分けて冷凍保存しておくことも可能です。一般家庭では約23×33センチ（9×13インチ）で作る場合が多く、市販品では20センチ角（8インチ）程度のものも見かけます。

ティービスケットとは、ほんのり甘みが付いてレーズンやブルーベリーなどが入った、紅茶に合わせるタイプのビスケットです。大きさは一般的な食事用ビスケットより一回り小さく、直径5センチほど。アイシング（グレーズ）がかかっていることもあります。南部の料理本や雑誌では度々見ていましたが、ベーカリーで現物を見たことはなかったので、ローカルスーパーの冷凍食品コーナーで偶然発見した時は、これが例の！と感動してすぐに購入しました。翌日オーブンで焼いて食べてみると、予想通り甘めのビスケットでしたが、丁度良い食べ切りサイズで紅茶とも相性が良かったので、今では時々似たようなものを作っています（食事用ビスケットについては、拙著『アメリカ南部の家庭料理』でレシピを紹介しています）。

さらに、南部にはティーケーキ（Tea Cake）なるものがあります。これは紅茶とは無関係な上に、もはやケーキですらありません。素朴な甘さが紅茶に良く合うクッキーのような焼き菓子です。写真はおろかイラストすらない南部の料理本で、初めてティーケーキの作り方を読んだ時は「この配合と作り方だと、ケーキにならないのでは……？」と混乱し、読み間違えたかと思って何度も読み返したものです。

そんなコーヒーや紅茶が入らない焼き菓子にすっかり慣れた先日、コーヒー入りのコーヒーケーキを見かけました。ラベルには「Coffee Cake（Coffee）」と印字されており、「うん、間違ってはいないね」と思いつつ、妙な引っかかりを覚えたのでした。

コーヒーが入らないコーヒーケーキ

材料（20センチ角のケーキ型1台分）

A「トッピング（クランブル）」
ブラウンシュガー[※1]……60グラム
薄力粉……50グラム
有塩バター（常温）……35グラム
シナモンパウダー……小さじ1

B「フィリング」
ブラウンシュガー[※1]……30グラム
シナモンパウダー……小さじ¾

C「ケーキ生地」
有塩バター（常温）……１００グラム
ブラウンシュガー[※1]……１００グラム
卵（常温）……2個
バニラエッセンス[※2]……20滴
サワークリーム[※3]（常温）……１８０グラム
薄力粉……２００グラム
ベーキングパウダー……小さじ1＋½

※1　三温糖、上白糖で代用可
※2　バニラエクストラクトの場合は小さじ1
※3　ギリシャヨーグルトで代用可

作り方

（下準備）
・Aをボウルに入れ、手で揉んで一塊になったらそぼろ状にほぐしておく。
・Bを小さめのボウルに入れ、混ぜ合わせておく。

・Cの薄力粉とベーキングパウダーを合わせてふるっておく。
・型の内側にアルミホイルを敷き込んでバターを塗るか(分量外)、パーチメントペーパー(クッキングシート)を敷き込んでおく。

1 Cのバターとブラウンシュガーをボウルに入れ、ふわふわのクリーム状になるまでよくすり混ぜる。

2 卵を溶きほぐして1に少しずつ混ぜ入れ、バニラエッセンスとサワークリームを加える。

3 Cの粉類を3回に分けて加え、粉が見えなくなるまで切るように混ぜる(練らないように注意)。

4 3の半量を型に入れ(目分量でOK)、スプーンの背で平らに塗り広げる。

5 4の上からBをまんべんなく振り、残りの生地を塗り広げる(一方向にやさしく)。

6 5にAのトッピングを散らし、180℃に予熱したオーブンで約30分焼く(中心に竹串を刺して、生っぽい生地が付いてこなければ焼き上がり)。

7 6を15分常温に置いたのち型から取り出し、網の上で自然に冷ます。

メモ
・密閉容器に入れ、常温で約3日、冷凍で約1ヶ月保存可能。
・(冷めたものは)食べる前に少しだけ電子レンジで温めるのがお勧めです。
・冷凍する時は、切り分けてラップに包み、ジッパー付きのビニール袋に入れて保存してください。

マシュマロ愛

お菓子売り場ではなく、砂糖売り場の近くに並んでいるマシュマロ。小さなミニサイズから、キャンプ用の大きなものまで、アメリカではとても愛されています。

もちろんそのままでも食べられますが、大きなサイズは日本でも馴染みが出てきたスモア(S'more ／焚き火で炙ったマシュマロと板チョコをグラハムクラッカーに挟んで食べる、キャンプには欠かせないお菓子）のように、ほんの一手間加えることが多く、小さなお子さんと一緒に作る簡単なお菓子の筆頭に、マシュマロライスクリスピー（Marshmallow Rice Crispy）があります。

これはたっぷりのマシュマロと少量のバターを電子レンジやフライパンで溶かし、そこに市販のライスクリスピーシリアルを混ぜ入れて型に押し入れ、冷めて固まったら好みのサイズに切り分けたものです。とてもノスタルジックなおやつですが、以前はアメリカのスタバに置いてありましたし、今でもスーパーのベーカリーや、ハイウェイ沿いにあるガソリンスタンドに併設されるコンビニの店頭で見かけることもある、バリバリの現役菓子です。

水気を切ったフルーツ缶と甘く味付けされたココナッツシュレッド、サワークリーム（ギリシャヨーグルトで代用可）、山盛りのミニサイズのマシュマロを混ぜ合わせて冷蔵庫で一晩寝かせると、ふわふわクリームのデザートが出来上がります。南部ではこれを、ギリシャ神話に登場する食べ物の神アンブロシアにちなんで、アンブロシアサラダ（Ambrosia Salad）と呼んでフルーツサラダ扱いしますが、どう見てもデザートです。

マシュマロは、南部では感謝祭やクリスマスの副菜にも欠かせません。日本のさつまいもより水分が多く、でんぷん質少なめのオレンジ色のスイートポテトをオーブンで焼いたあと、中身をすくって丁寧に潰し、ブラウンシュガー、溶き卵、有塩バター、バニラ、シナモンパウダーと混ぜ合わせます。長方形のキャセロール型（耐熱容器）に広げてじっくり焼いたあと、ミニサイズのマシュマロを散らし、マシュマロがふっくら膨らんで表面に薄く焼き目が付けば、スイートポテトスフレの出来上がりです（卵が入らないものはスイートポテト・キャセロール）。見た目も味もデザートですが、ハムや七面鳥のローストに添える、れっきとしたおかずです。クッキー生地をそぼろ状にしたようなクランブルやピカンナッツを散らすバージョンもありますが、一番人気はマシュマロのせのようで、ホリデーシーズンにはマシュマロが飛ぶように売れます。

作り方は少し違いますが、瓶入りのマシュマロクリームもあり、これは、マシュマロによく似せたスプレッドです。100年以上前からあるテネシー州のお菓子、ムーンパイ（Moon Pie／日本でいうエンゼルパイ的なもの。もっと水分少なめです）や、スポンジケーキのフィリングにしたり、サンドイッチクッキー、ホットココアやアイスココアに浮かべたり、クリームチーズと練り合わせて簡単レアチーズケーキ風に使ったりできます。ちなみにこのクリームは納豆並みのベタベタ感なので、瓶の縁を汚さずにきちんと蓋をすることは、大人でも至難の技です。

アメリカのマシュマロは日本のマシュマロと違い、手作り、市販品問わず卵白不使用なことが多いので、卵アレルギーの方や、卵白の匂いがどうしても気になるという方でも食べられそうです（マシュマロクリームは卵白入りです。ご注意ください）。

フレーバーが付いたものや中にフィリングが入ったものは、やっと増えてきましたがまだまだ少なく、バニラが一強なのは加工目的のためかもしれません。個人的には、フレーバー付きに是非とも健闘してもらいたいところです。

オープン・セサミ！

ごま油、すりごま、煎りごま、ごま豆腐、ごま和え、ごまドレッシング。世界一海外からごまを輸入しているごま好きの日本人ですが、ごまのルーツはご存じでしょうか。あまりにも馴染みがあるため、東南アジアや東アジア原産だと思われている方がいらっしゃるかもしれません。

世界中で食べられている白ごまは、栽培種としてはインド原産だといわれています（エジプト説もあり）。アメリカには、17世紀頃に西アフリカから持ち込まれました（同時期にオクラ、カラードグリーン、ブラックアイドピーなど）。

ごまは寒さ以外のあらゆる天候に強い作物で、痩せた土地でも育ちます。干ばつや一時的な大雨にも強いため、ヨーロッパからの輸入に頼っていたオリーブオイルの代用として、大規模なごまの生産およびごま油作りが計画されたこともあります（米と藍の生産に押されて頓挫）。アメリカで奴隷にされていた西アフリカの人々にとってごまは大切な配給食料のひとつで、自分たちで育てたそれをすり潰してスープのとろみ付けや飲み物に使い、ごま油はバターの代わりに使用したようです。

南部のサウスキャロライナ州には、ベニー・ウェファース（Benne Wafers）と呼ばれる焼き菓子があります。ベニーとは、西アフリカのマリに住むバンバラ族のバンバラ語や、セネガル、ガンビア、モーリタニアに住むウォロフ族のウォロフ語でごまを意味し、ウェファースは薄焼きクッキーのことで、甘いものと塩味のものがあり、塩味のものはしばしばカクテルのお供に出されます。西アフリカにルーツを持ち、サウスキャロライナ州やジョージア州のローカントリー（Lowcountry）と呼ばれる海岸側のエリアに住むガラ（Gullah）の人々が話すクレオール語では、現在もごまのことをベニーと呼び、食べると幸運をもたらすといいます（ガラの人々が住むエリアは、北はノースキャロライナ州、南はフロリダ州のジャクソンビルまで）。甘いものと塩味のどちらも日本人にとっては不思議と懐かしさを感じる味わいで、ごまのプチプチとした食感がクセになってつい手が伸びます。

それ以外の地域では、白ごまはバーガーバンズやベーグル、アメリカ風中華料理のトッピングといったアクセントに使われるものが中心で、量は必要ではないためか、スパイス売り場で小瓶に入って売られています。なぜか煎りごまはなく洗いごまのみで、現在は70パーセント以上がメキシコ産です。

白の練りごまもあります。アメリカではアラビア語を語源としたタヒーニ（Tahini）と呼ばれて中東の調味料扱いで、主にユダヤ教徒のための食品コーナーで売っており、ひよこ豆と一緒にペースト状にした中東、地中海料理のフムス（Hummus）の材料として知られています。使用されている白ごまは、水に浸したあと殻を取り除いた洗いごまか軽く煎ったもので、しっかり煎ってペースト状にしたものより風味は穏やかです。

東アジアと東南アジアでよく使われる黒ごまは、アメリカではあまり好まれないのかスーパーでの取り扱いがありません。せいぜいカリフォルニアロールやベーグルのアクセントで見かけるくらいです。黒ごまをお求めの方は、アジア系食料品店で購入することができます。

余談ですが、『アラジンと魔法のランプ（アリババと40人の盗賊）』で「ひらけごま！」というおまじないがありますね。英語圏にもあります。それはタイトルにもある「Open Sesame!（オープン・セサミ）」。日本語の独自訳かと思ったらアラビア語の直訳で、言葉は違えど意味は全く一緒だったので、知った時はのけぞりそうになりました。今でも時々映画のセリフや日常会話に登場しているので、死語ではないようです。

ベニー・ウェファース

材料（約30枚分）

A

※1ブラウンシュガー……60グラム
※2溶かし有塩バター……30グラム
卵白（常温）……30グラム（約1個分）
※3バニラエッセンス……7、8滴

B

ふるった薄力粉……35グラム
ベーキングパウダー……小さじ¼
白ごま（煎りごま）……60グラム

※1　三温糖、きび砂糖、上白糖で代用可
※2　常温のマーガリンでも
※3　バニラエクストラクトの場合は小さじ¼

作り方

1 Aをボウルに入れ、なめらかになるまで泡立て器でよく混ぜ合わせる。

2 1にBを入れて全体を混ぜ、冷蔵庫で1時間以上冷やす（生地を扱いやすくするため）。

3 天パンにパーチメントペーパー（クッキングシート）を敷き、2の生地を小さじ1ずつ落とす。絞り出し袋を使っていただいても構いません。生地との間は最低2・5チセン開けること。

4 160℃に予熱したオーブンで、縁がうっすら色付くまで13〜15分焼く。

5 オーブンから取り出し、天パンにのせたまま約3分置いたあと網に移して完全に冷ます。

メモ

・天パンの大きさによっては、1回で全ての生地をのせられない場合があります（特にオーブンレンジ）。無理にのせると焼いている間に生地同士が繋がるので、その場合は数回に分けて焼いてください。
・密閉容器に乾燥剤と一緒に入れて、常温で約5日保存可能。

南部の人はお茶が好き

アメリカで好まれる飲料と聞くと、コーヒーや炭酸飲料を思い浮かべる方が多いと思います。オフィスなどでは確かにそうで、休憩室には大きなコーヒーメーカーがあり、冷蔵庫には炭酸飲料が並んでいます。

一方、一般的な南部のご家庭には冷蔵庫のドアポケットによく冷えたアイスティーが並んでおり、市販品を含めて思い入れはかなり強く、日本における緑茶や麦茶並みに必須の嗜好品です。

甘みにも強いこだわりがあり、紅茶の香りを邪魔するほどの大量の砂糖を入れてはいけないけれど、少ないのは言語道断で、甘さをきちんと感じて舌と喉と心が満足する濃さがベストなのだそうです（それでも、ほとんどの日本人にとっては激甘に感じるはずですが）。我が家でも柑橘果汁入りのディカフェアイスティーを常備しており、夫好みの微糖で数日おきに作っています。

ファストフード店やレストランには無糖と有糖のアイスティー2種類が用意され、ファストフード店では客が2種類をブレンドして甘さを調整し、レストランではテーブルの担当者にハーフ&ハーフ（この場合は無糖1：有糖1）などの好みの割合を伝えます。もちろん必要でなければ、Unsweetened（無糖）や、Sweetened（有糖）の注文で大丈夫です。

アイスティーは人気なので多くのフライドチキン店では持ち帰りサイズがあり、ガロンサイズ（約3・8リットル）のアイスティーが用意されています（店仕込みの場合は、事前注文が必要）。

自家製が一番と皆さんおっしゃいますが、南部のスーパーで売っているものも悪くありません。ただし保存が利く常温タイプではなく、冷蔵のアイスティー、特にMilo's（マイロズ）がお勧めです。無糖からエクストラスイートの激甘まであるので、各自お好みのものを選んでください。ホームパーティーでたくさんのお客さんがいらっしゃる時は、無糖と有糖を用意しておくと、皆さん勝手に自分好みの配合にして飲むので非常に楽です。

アメリカのスーパーには、コーヒー売り場の隣にお茶売り場があります。そのほぼ全てがティーバッグ式で、普通の紅茶、ディカフェ、一般的なティーバッグを4倍近く大きくしたファミリーサイズ、水出し専用、茶葉に甘みを付けたもの、アールグレイやバニラ、ラズベリーといったフレーバー付き、水やお湯で溶く粉末紅茶など、紅茶だけでも色々あります。カフェインフリーのハーブティーは、妊婦さんやカフェインを控えている方に人気です。ストレス緩和や風邪気味、睡眠のためのハーブティーもあります。そして、あまり日本人には好まれない味がするレモンやピーチのフレーバーが付いた緑茶を忘れてはいけません。

緑茶にフレーバーを付けるなんてと眉をひそめる方がいらっしゃるかもしれませんが、好みではない味の緑茶をそのまま飲むくらいならフレーバーを付けてほしいと思っているので、私は気にしません。なんならフレーバー付きの緑茶は、甘みを足した方が美味しく飲むことができます。ただし、煎茶や玉露に香りを付けると、私の中のめったに会わない遠い親戚のおばさん(架空キャラクター)が、「あらあら、そのままで美味しいのに、なんてもったいないことをするのかしら?」と出てきます。

南部のレストランでホットティーを注文すると、大抵の場合、熱湯が入ったティーポットと空のティーカップ、それと数種類のティーバッグが出てきます。リプトン社のものが多く、アールグレイ、イングリッシュブレックファスト、ディカフェの紅茶、グリーンジャスミン、カモミールなどたくさん出てくるので、2杯ほど違うお茶を楽しんだあと、残りのティーバッグをもらって帰るのがお土産感覚で楽しみです。ワシントン州やオアフ島のベーカリーカフェでホットティーを頼んだ時は、ティーバッグとお湯が入った大きめのマグのみでポットは出てこなかったので、全米どこでも選択肢があるというわけではないようです。

お茶といえば、アメリカのままごとのひとつにティー・パーティー（Tea Party）があります。ドレスを着てつば付きの帽子を被るかおもちゃのティアラを頭にのせ、首に羽飾りを巻いて着飾り、小さな紅茶セットにお菓子を添えて、小指を立てながらティーカップを持ち上げて子どもたちがお話しする姿は、見ているだけでもそれは楽しいものです。

ご家族でする場合は、お父さんがよく参加しています。お父さんも、それは女の子がするものだからといった固定観念で断ることはないようで、お子さんからお化粧を施されたり、バレエ用のチュチュを穿いたりしたお父さんがパーティーに参加している写真や動画がたくさんあります。ご興味があればTea party with daddy（ティー・パーティー・ウィズ・ダディ）の検索ワードで写真を探してみてください。可愛さのあまりに悶絶します。

元ホワイトハウス御用達の紅茶

アメリカではコーヒー以外に紅茶もよく飲まれています。イギリス移民の影響が大きかった地域では、今もティーハウスと呼ぶアフタヌーンティーが楽しめるサロン的なお店があるのですが、レベルは玉石混交。その利用者層が好みそうな『ブリス・ヴィクトリア（Bliss Victoria）』という生活雑誌があります。

この雑誌の広告で、南部のサウスキャロライナ州のチャールストンに、紅茶農園があることを随分前に知りました。当時はチャールストン・ティー・プランテーション（Charleston Tea Plantation）という名前で家族経営でしたが、２０００年代前半に、ヒルトンホテルグループで利用されている紅茶やハーブティーを製造販売しているビゲロー（Bigelow）がこの農園を買収し、現在の名称はチャールストン・ティー・ガーデン（Charleston Tea Garden）へ変更になっています（ビゲローの製品はスーパーで購入可能です）。

いつか行ってみたいなあと思うこと数年。ついにチャールストンを訪れる機会がやって来たので、早速計画に組み込みました（旅の手配、計画はいつも私が担当です）。

夫の運転でハイウェイを北上し、午前中は全米屈指の人気観光都市、チャールストンのダウンタウンを見て回りました。南部料理のランチを済ませたあと、いよいよ橋を渡ってワッドマロウ島（Wadmalaw Island）にある農園へ向かいます。道路脇に木が生い茂る平坦で自然豊かな普通の田舎道といった感じで、こんなところにあるとは思えないのですが、カーナビを信じて30分ほど移動したところにそこはありました。

元じゃがいも畑の１２７エーカー（東京ドーム約11個分）あるひらけた敷地内に、切り揃えられたお茶の苗が整然と植えられています。お茶は気温差があって勾配のある高地でないと栽培に向かないと思っていたので、平野でも育つのかと驚きました。年間平均降水量が１３２０ミリあり、砂が多い土壌と亜熱帯気候であることが、ここで育てられている３２０種類のカメリア・シネンシス（チャノキ）に適しているようです。

チャールストン・ティー・ガーデンは商業用のお茶農園としては全米最大で、ここで栽培加工されたアメリカ産１００パーセントの紅茶、アメリカン・クラシック・ティー（American Classic Tea）は、ジョージ・W・ブッシュ大統領政権下のホワイトハウスで、２００８年2月に行われたディナーの際に賓客に出され、政権交代までホワイトハウス御用達だったそうです（現在は使用されていません）。

私たちが訪れた時は丁度パンデミック中だったので、残念ながら稼働中の工場を見学することは叶いませんでしたが、無人の工場脇で、製造工程をビデオで確認することはできました。扱っている製品全てがここで作られているわけではなく、フレーバーティーなどの茶葉はインドやスリランカ産のブレンドなのだそうです。ビデオを見たあとは、土産物売り場で販売されている全種類のお茶を試飲しながら、気になったお茶やお菓子などを買い込みます。日本のものと味や香りは随分違いますが、緑茶もありました。

アメリカでも古くから緑茶を飲む歴史があり、初代アメリカ大統領のジョージ・ワシントン氏と第三代アメリカ大統領のトーマス・ジェファーソン氏は、緑茶好きだったとの記録があります（彼らが飲んでいたのは、Young Hyson と呼ばれる中国の高級緑茶、雨煎茶《ゆーちんちゅ》だそうです）。現在はナチュラル派の方にとって魔法のお茶扱いで、ビタミンCが摂れるから緑茶を飲みましょう、風邪をひきにくくなるから緑茶を飲みましょう、抗酸化作用があるからなどなど、何かにつけて雑誌やネット記事でも緑茶を勧めています。その中でも日本の緑茶は特別扱いらしく、お土産などで日本の緑茶を渡すと、ことのほか喜ばれます。きっと甘みを付けるんだろうなと思いつつも、渡したからにはその方のものと思い、口には出さないようにしています。ちなみに、ティーポットを持たないお家も意外にあるので、お土産などでお渡しするのでしたら、ティーバッグタイプの方が良いかもしれません。

かつて、自家製茶葉作りを夢見てお茶の種を取り寄せ、育てようとしたことがありました。お茶の栽培は素人にはかなり難しく、発芽させるだけでも奇跡だったのですが、その発芽した苗は、20㌢ほど成長したところで突然枯れてしまいました。駄目元でお土産物売り場の方にお茶の苗木を購入できるか聞いてみましたが、無理とのこと。いつかまたお茶作りに挑戦したいなあと思っているので、南部でお茶の苗が売っていたら是非教えてください。どんなに離れていても買いに行きます。

もちろんアメリカン・クラシック・ティーも買って帰り、お茶菓子（178ページのペニー・ウェファース）と合わせて飲んでみましたが、良くも悪くもごく普通の紅茶でした。ネットでも販売しているので、気になった方は「charlestonteagarden.com」でご確認ください（回し者ではありません）。

種類豊富なミルク

酪農王国のアメリカ。特にカリフォルニアでは酪農業が盛んで、ハイウェイ脇でもたくさんの牧場を見かけました。アメリカのチーズやバターなどは、政府の乳製品価格支援プログラム（The Dairy Price Support Program）によって米国農務省（USDA）が規定の高値で買い上げるため、乳製品加工業者は存分に利益を得られます。その結果、乳製品加工業者は酪農家に十分な支払いができ、間接的に牛乳の最低価格が保証される仕組みです。そして消費者は、牛乳および乳製品を比較的安定した価格で購入できます（この価格支援プログラムは、小麦や米といった穀物などにも適用されています）。

アメリカで売られている牛乳には、特別なものでない限りビタミンD^3が加えられています（牛乳そのものにも含まれているのですが、カルシウムの吸収を助けるために追加）。乳脂肪の量によって種類が分けられ、ビタミンD^3の添加以外は成分無調整のホールミルク（Whole Milk）、乳脂肪分を2パーセントに調整した減脂肪乳（Reduced-Fat Milk、通称2パーセントミルク）、1パーセントに調整した低脂肪乳（Low Fat Milk、通称1パーセントミルク）、乳脂肪分0・2パーセント以下のスキムミルク（Skim Milk、別名Non-fat Milk）が一般的です。脂肪分が調整されたものは、乳脂肪を減らすことによって元々牛乳に含まれているビタミンAの含有量が減ってしまうため、ビタミンD^3だけでなくビタミンA（パルミチン酸レチノール）も足されます。我が家では、スキムミルク派の夫と、ホールミルク派の妻の歩み寄りにより、2パーセントミルクを常備しています。

日本でいうスキムミルクは粉末のものに対し、アメリカでは前述の液体タイプのことを指します。粉末のものはドライミルクと呼ばれ、さらにホール、ローファットタイプとノンファットタイプに分かれます。日本同様に乳脂肪分を細かく均質化したホモジナイズ処理が牛乳に施されていますが、一部の自然食料品店では、バターが作れるノンホモジナイズドミルクが購入可能です。平日は朝ごはんにシリアルを召し上がるご家庭が多いので、1ガロン（約3・8リットル）入りをメインに販売されており、それに合わせて冷蔵庫のドアポケットも大きめに作られています。

他に、乳不耐症の方用に成分を調整したラクトースフリーミルク（Lactose Free Milk）や、牛乳の風味が苦手な子ども向けに、チョコレートミルクがあります。これは、牛乳にチョコレート味のシロップが加えられたもので、ファストフード店の子ども用メニューにあるくらい一般的です。特濃牛乳というものはない代わりに、生クリームと牛乳を同量で合わせたハーフ&ハーフというものがあり、この製品はコーヒーフレッシュのように使われています（コーヒークリーマーは別にあります）。ちなみに、日本の特濃牛乳の乳脂肪分は３・８〜４・４パーセント程度、ハーフ&ハーフは12〜18パーセントほどです。

焼き菓子やパンケーキ、フライドチキンの漬け込みによく使うバターミルクもあります。バターミルクとは、元々はバターを取ったあとの牛乳を指していましたが、現在は、低脂肪乳やスキムミルクに乳酸菌などを加えて発酵させたとろみのある乳製品のことをこう呼びます。味や質感はインドのラッシーやトルコのアイランに近く、砂糖は入らずに微量の塩が入ります。これは、牛乳に少量のヨーグルトかレモン果汁を足したもので代用できます。

アメリカでは長らく牛乳一強でしたが、１９７０年頃と比べると牛乳の一人あたりの消費量は半分近くにまで減っています（乳加工品は上昇中）。その代わり、牛乳以外のミルクが現れました。

まずはソイミルク（Soy Milk）。日本でもお馴染みの豆乳です。無調整は非常に珍しく、甘みが付いていないものでも塩や香料などで味を調えて飲みやすく調整してあり、ビタミンやカルシウムが追加されています。甘みが付いたものは日本のような様々なフレーバーはなく、とてもベーシックで、バニラ味とチョコレート味程度です。その他に、アーモンドミルク、カシューナッツから作ったカシューミルク、米からできたライスミルク、近頃はオート麦から作るオーツミルクも一般的になりました。ココナッツミルクもあり、冷蔵タイプ以外に、高温殺菌された常温保存が可能なものもあります。

中には、大豆やナッツ類から自家製ミルクを作る方もいらっしゃいます。その方々が使うのは、ナットミルクバッグ（Nut Milk Bag）と呼ぶ大きな巾着で、木綿とポリエステル、ナイロン製があります。木綿製は日本のさらしに似ているため、さらし餡を作るのに丁度良く、我が家では小豆餡や白餡を作る時に大活躍です。メーカーによっては織りが粗いものや、目が詰まりすぎているものもあるので、購入の際はGrade100程度のものをお勧めします。

近頃のアメリカでは肉類や乳製品に頼らないプラントベース主義が台頭し始め、牛肉不使用のハンバーガーパティや、肉類不使用のソーセージ、牛乳を使わないチーズなども登場しました。この攻防は続くのか、それとも一時のブームなのか、固唾を飲んで見守りたいです。

「ジャム類」じゃ駄目なの？

私はジャム類を買うのも作るのも大好きで、試したことがないものを見つけると、すぐ手に取ってしまいます。アメリカは果物類が安くてあっさりした味わいのものが多いので、ジャム類に加工するのは比較的気兼ねなくできます。初夏になると、日本でも一時期流行ったメイソンジャーがセールになり、それと一緒に果物を購入する人を見かけます。

そのジャム類、日本では○○ジャムと書いてある瓶の裏を見ると、「名称：○○ジャム（プレザーブスタイル）」などと表記されていることはありますが、ほぼジャムまたはマーマレードといった名称で分類が終了していると思います。アメリカのジャム類の売り場を覗いてみると、それはそれは細分化されており、訳が分からなくなるかもしれません。

ジャムの定義とは、砂糖を加えて果物の形がなくなるほど煮込んだものを指し、形を残したものは「(形を）保存する」を意味するプリザーブ（Preserve）と呼びます。

アメリカで人気のジャムは、今も昔もストロベリージャムとグレープジャムです。ブレックファストメニューがあるファストフード店やレストランには、使い切りサイズのこの2種類が必ずあります。不思議なことに、日本で一般的なりんごジャムを市販品で見かけたことはありません。柑橘類の細切りや角切りが入ったものはマーマレードと呼び、これは日本と変わらないのですが、市販品の中には香料を使っているものがあり、それは料理のソースに使うには香りが強すぎて不向きです。

プリザーブになるとまんべんなく人気で、いちごの形が残ったストロベリープリザーブ、歯応えがある黄桃で作ったピーチプリザーブや、裏ごしすると菓子類のつや出しに使えるアプリコットプリザーブ、パイのフィリングにも使えるチェリープリザーブやブルーベリープリザーブなどがあり、果物の食感を楽しみたい方はこれらがお勧めです。一部地域には、パイナップルやマンゴーのプリザーブもあります。我が家では、ピーチやアプリコットのプリザーブをイエローマスタードと合わせて、ポークチョップとベイクドハムのソースに使っています。

日本のジャム売り場でめったに見かけないのは、果汁を煮込んだジェリー（Jelly）でしょう。果汁といっても、単に生の果物を搾ったものではありません。

果物はたっぷりの水と一緒に煮込み、それを目の細かいチーズクロス（Cheese Cloth）や、ナットミルクバッグ（Nut Milk Bag）と呼ぶさらしのような布でやさしく包んで一晩吊るし、濁りのない煮汁を集めます。そこに砂糖とペクチンを加えて煮詰めたものがジェリーです。これらは、アップルジェリーとグレープジェリーに人気が集まります。グレープジェリーは、通称ピービー＆ジェイ（PB&J Peanut Butter and Jelly Sandwich の略）と呼ばれるピーナッツバターとジェリーを塗ったサンドイッチに欠かせないもので、子どものスクールランチの定番です。ピーナツバターとグレープジェリーを、ストライプ状に一緒の容器に詰めた製品もあります。夫が子どもの頃は、学校に持参するランチはいつもＰＢ＆Ｊとハム＆スライスチーズのサンドイッチだったそうです。アップルジェリーは活用の幅が広く、パンに塗る以外にも、ローストポークをつや良く仕上げるために、焼き上がりの最後の方で塗ったり、チーズにのせたりして食べます。

南部らしいジェリーといえば、ホットペッパージェリー（Hot Pepper Jelly）です。このペッパーとは、胡椒ではなく唐辛子のことで、アップル・サイダー・ビネガー（りんご酢）と砂糖のベースに刻んだ唐辛子が入り、辛さはマイルドからエクストラホットまで様々です。色を強調するために赤と緑のパプリカを加えることもあります。アペタイザーに用いることが多く、皿にのせたクリームチーズの上からこのジェリーをたっぷりかけ、クラッカーを添えたペッパージェリー＆クリームチーズスプレッドが使い方の大定番です。各自がナイフでスプレッドを取り、クラッカーにのせて食べてもらうスタイルなので、ホストの準備が少なくて済みます。ＢＢＱソースや煮込みの隠し味としても使え、タイのスイートチリソースがお好きな方なら、お口に合うと思います。

他に、刻んだ果物を長時間蒸し煮して形が崩れたら砂糖を加え、さらにペースト状になるまで煮詰めたものは、乳製品のバターが入っていなくてもバターと呼びます。これらには、ピーチバター、アップルバター、季節ものにパンプキンバターなどがあり、家庭で作ることが多めです。アップルバターはシナモンが効いた茶色い濃厚りんごジャムといった感じで、アメリカでりんごジャムを見かけないのは、アップルジェリーやこちらに人気があるからかなと想像しています。

「アメリカ人は食に興味がない」なんて一体誰がいったのでしょう。至るところにこだわりポイントだらけです。

5.

All Around the Kitchen

台所周り

アメリカ冷蔵庫事情

今までにアメリカの冷蔵庫とは4台お付き合いしてきました。最初の2台は上に冷凍庫、下に冷蔵庫がある2ドアタイプで、一人暮らし用の冷凍冷蔵庫を巨大化したようなデザインです。氷は自分で製氷皿を用意してストックするシンプルなもので、当時は特に不便を感じませんでした。

借家の時もそうでしたが、北フロリダに引っ越して家を購入した際にも冷凍冷蔵庫、電気コンロ、吊り戸棚のように直接壁に取り付けた壁掛け式電子レンジ、食器洗浄機が家に付いてきました（借家の時は電子レンジはなし）。前のオーナーが置いていったものなので、それぞれ1年半ぐらいの中古品です。それは当時主流だった右側が冷蔵庫、左側が冷凍庫の2ドアの両開き式で、冷蔵スペースの方が若干大きめです。自動製氷機とアイスディスペンサー、半年ごとに別売りカートリッジを交換して使用する浄水器を通したウォーターサーバーの機能も付いていたので、ドアを閉めたままレバーをグラスで押すと、小さなビスコッティ型の氷がゴロゴロとグラスに入ります。ボタンを切り替えると水も出てきます。

冷蔵庫内の可動式棚は強化ガラス製なので、高さはあれど上のものは目視できます。日本のものによく備わっているパーシャルやチルドといった繊細な機能はありません。下側には透明のプラスチック製引き出しが3つあり、肉用、野菜用、果物用に分けて使用していました。可もなく不可もなくといった使用感ですが、問題だったのは冷凍庫側です。上に大きく自動製氷器とディスペンサー用のスペースが取られているため、収納量がかなり制限されます。元々冷蔵庫と冷凍庫の割合は6対4くらいなので、実際に使用可能な箇所はさらに少なくなり、横幅が狭くて奥行きがあるレイアウトになるので、収納方法に注意しないと保管しているものが見えなくなって、必要な時に探しているものが見当たらないなんてことも起こります。

そこで、丁度良いサイズのかごを探して細かく仕分けしたり、フリーザーバッグに大きく内容物を記したりと工夫をこらすのですがやはり限界があり、静かにストレスが溜まります。まとめ買いが基本のアメリカの方はこれでどうやって冷凍食品に対応しているのだろうと思っていたら、2台持ちが多いことを知りました。新しく冷凍冷蔵庫を買い換えた際に古い方は処分せず、ガレージ内に置いて使用するといった、まとめ買い専用の冷凍庫があることも珍しくはありません。なるほど、居住スペースが大きいアメリカならではの保存の仕方です。我が家でもその方法を取り入れようかという話が出たのですが、それを実行する前に家付きの冷凍冷蔵庫を夫が霜取りと氷取りメンテナンスの際に思いがけず壊してしまいました。急いで下調べをして店舗で新しいものを購入したのですが、スケジュールの都合で配送は4日後になると店の方から告げられ、食料品全廃棄が頭をよぎります。しかし気持ちを切り替え、せっかくならと、ついでにまとめ買い用の冷凍庫も探すことにしました。タイミング良く即日持ち帰り可能な品がセール価格で見つかり、食料品も救えてホッと一息。以降、これには魚、肉類、試作品を含めたおやつ用の焼き菓子、食事用のパン類などをジャンルごとにプラスチック製のかごバスケットに分け、キッチンの片隅で冷凍保存しています。

そして現在5台目として使用しているのは、冷蔵庫のドアが両開き式のフレンチドアと呼ばれるモデルです。必要な方のパネルだけ開けることが可能なので、冷気の逃げが少なく、両ドアを開けた時は中がよく見渡せて最高です。下にある冷凍庫は引き出し式で、冷蔵庫と合わせて3ドアの扱いになります。これもやはり、パーシャルやチルド機能はありません。

冷凍庫の中にはスライド式の棚が一段あって、その端には自動製氷機と大きなアイストレーがあり、氷は必要に応じて自分たちですくって使用します。今回は、ウォーターサーバーやアイスディスペンサーがないものを選びました。自動製氷器には半年ごとに交換する専用の浄水フィルターが付いているので、氷の味も上々です。中がある程度細かく仕切れるよう、透明なプラスチック製のかごをいくつか引き出しの幅に合わせて購入したので、探しものもすぐ見つかります。ここには冷凍カット野菜、ちょっと一品足したい時用のおかず系作り置き、小分けにした和菓子を含むアジア系のデザート類、昆布や真空パックにした沖縄の厚削り鰹節などを入れて、買い置き用冷凍庫とは内容を分けています。

家電付きは入居後すぐに使えるのでありがたいですが、自分の意思で選んだ家電は愛しさが増します。我が家の両極端に頑張りすぎちゃう破壊神さんへ。これは壊さなくていいですからね（実はもう1台同じ理由で壊しているのです）。

不思議な換気扇

アメリカで初めて住んだ二階建て長屋のキッチンにはガスコンロがあり、日本でも馴染みがあるダクト式の換気扇が付いていたので、匂いはダクトを通じて外に出ていました。なので、どんなに料理をしても家に料理の匂いがこもり続けることはなく、夕方から夜頃に散歩をすると、日本とは違うご近所の料理の香りが漂い、新鮮で楽しかったのを覚えています。

現在住んでいる一軒家のコンロは、一見ＩＨ電磁調理器に見えるハロゲン式で、その上に50センチ弱の空間を挟んで壁掛け式の電子レンジが設置されています。ここに入居後、初めて料理をした時に疑問がわきました。換気扇はどこだ？

壁に付いていた近くのスイッチは、シーリングファンと電灯用。目の前に位置する電子レンジのたくさんのボタンの中にファンのイラストがあり、これかな？とそこを押すと、美容院のプロ用ドライヤー級のゴーッという音がします。なんだかパワフルな換気扇だなあと思いましたが、さらに疑問が生じます。ダクトはどこだ？　壁掛け式電子レンジの左右には吊り戸棚があり、電子レンジの上にも小さな戸棚があります。ははあ、なるほど。この戸棚の中にダクトが続いて、屋根裏を通じて匂いを外に出しているのだなと戸棚を開けてみると、ダクトはなく、電子レンジのプラグが刺さったコンセントがあるだけです。混乱しながら考え出した結論は、この電子レンジの換気扇は、電子レンジ本体の底に見つけた網の部分から空気を吸引して、上部のブラインドみたいな部分から空気を撒いているだけの家庭内循環式！　これで、効果があるのか？

料理を続けていると、いろんな不都合が明らかになってきました。匂いが強いものは換気扇が対応し切れず、家中に匂いが残ります。魚を焼く時や大量の揚げ物をする時には特に注意が必要で、窓を開け、匂いを消すといわれるタイプのキャンドルをリビングで灯したり、揚げ物の近くにお酢が入ったボウルを置いて、揚げ物の匂いを軽減させようとしたり、涙ぐましい努力が必要です。フライヤーを使用してもカバーを開ければ結局匂いは広がるので、結果は一緒です。そしてそのタイプの電子レンジの上部には活性炭フィルターが入っており、半年に一回フィルターを交換しないと、換気扇を回すだけでそれまで蓄積された料理の匂いが撒き散らされるようになります。一体どんな罰ゲームなんでしょう。

なので、アパートや一軒家を持つ大家さんの中には、「魚料理を頻繁にしそうなアジア人には貸したくない」という人もいます。たとえ持ち家であってもこの循環式換気扇があるご家庭の場合、ステーキや魚を焼く時は、裏庭でグリルやカセットコンロを使って焼くことが多いです。本当にこれが換気扇といえるのでしょうか。私は「気休め換気扇」と呼んでいます。

数年前、コンロを買い直すにあたって、同じ機会に壁掛け式電子レンジも新しくすることにしました。電気式のコンロの場合は、それと対になる別売りの電子レンジに換気扇が組み込まれていることが多いです。私が説明書を丁寧に読みながら、ほとんど説明書を読まない直感優先的日曜大工さんの夫に指示をしながら作業を続けていると、小うるさい現場監督は退場させられました。離れたところから心配しつつもなんとか無事に設置が終わり、夫をねぎらったあとに換気扇のボタンを押してみると、以前にも増した轟音とともに、何故か上から下へ空気が押し出されてきます。何度も説明書を確認しましたが設置は間違っておらず、今度のタイプは吸引式ではないのかとがっかりしました。ですが再度よく確認したところ、新しい電子レンジと左右の吊り戸棚の間に、それぞれ5ミリほどしかない小さな隙間が生じたことで、下から吸引して上に吹き出された空気が、戸棚の隙間を伝ってエアーカーテンのように下へ向かって押し出されているようです。吸い出された空気が平泳ぎの手の動きのように戻ってくるとは、予想外です。

まあ、なんとかなるかなと思いつつ換気扇をつけて料理をしていたところ、スパイスを振り入れた瞬間に、左右から吹き下ろしてくる風でスパイスが辺り一面にパッと飛び散りました。換気扇に「そうじゃない！」と突っ込んだのは生まれて初めてです。それ以降は、スパイスを加える際に換気扇を一旦止めるという不思議な工程が習慣になりました。他にも、揚げ物をすれば吹き下ろしてくる風で油の小さな飛沫がコンロのガラストップの上にまんべんなく飛び散るなど、毎回掃除が面倒ですが背に腹は代えられません。しばらくだましだまし使っていこうと思います。いつかまた、気軽に家の中で魚を焼いたり揚げ物をしても匂いがこもらない、ちゃんとした換気扇の付いた家に住むことが、私の夢です。

シンクをなぜ分けるのか？

夫「今年のクリスマスはサンタに何を頼みたい？」
私「大きなシンク！」
夫「……（聞こえないふり）。欲しいものはないかな？」

家を購入してから毎年秋口に繰り返されていた夫婦の会話です。

日本のシンクは仕切りのない大型のものがほとんどでしょう。アメリカでは、何故かシンクをふたつに区切っているものがスタンダードです。一方の排水口はそのまま排水管に直接繋がり、もう片方はディスポーザーを経由して、シンク下でもう一方の排水管と繋がっているタイプが中心です。水をためて何かを洗うとか浸け置きするであるとかには大量に水を使わないので便利なのですが（ここでペットや赤ちゃんを洗う猛者がいらっしゃいます）、鍋や大皿といった大きなものを洗う時には、この仕切りが本当に邪魔で邪魔でしょうがありません。気を付けて洗わないと、水跳ねするなんてこともしょっちゅうありました。

借家だけでなく、持ち家でもそれだったので、アメリカにはこの仕切りがついたWシンク（英語ではDouble Bowl Kitchen Sink／ダブル・ボウル・キッチン・シンク）しかないのかと思っていたら、夫の所用に付き合ってホームセンター内をぶらぶらしていたある日、日本のものと同じようなサイズの大型シンクを見つけました。しかも、お値段も非常にお手頃。早速夫に交渉したのですが、業者に頼んで設置するという考えをあまり持たない人なので「自分じゃできないと思うから無理」といわれてしまいました。余談ですが、アメリカ人男性はＤＩＹをする方が非常に多く、なんなら家まで建てそうな勢いでこなしてしまう方もいらっしゃいます。ちなみに夫はＤＩＹの知識は乏しいのに、節約のために自分でしたがるという、自ら悪夢を呼び寄せるタイプです。

しょうがないと思い一旦諦めた数年後、シンクの蛇口をシャワー付きのものに交換する機会がありました。夫が交換してみると、デザインの都合上か蛇口横の設置穴がひとつ余りました。無事交換できて自信が付いた夫から「この穴にハンドソープのディスペンサーを入れても良いよ」といわれたので、急いで気に入ったシンプルなデザインのものを取り寄せ、約一週間後、いよいよ設置です。

「うーん、入らない。本当にサイズ測った？」と何度も私に聞きながら奮闘する夫。そのうちその穴を削り出し、ついには修復不可能なまでに破壊してしまいました。説明書を見ればそんな必要は全くなく、私でも工具なしで取り付けられるものだったのですが、説明書を見ない夫は逆方向から取り付けようとして、穴をこじ開けてしまったようです。

誰に怒っていいのか分からず呆然とする夫の肩をやさしくなでながら、「大丈夫、大丈夫。ホームセンターに行きましょう」と促してシンク売り場へ行き、色々あるんだねーと見るふりをしつつ、密かに調べて印刷しておいた紙をバッグから取り出します。「この大型シンクは我が家のサイズにぴったりはまり、お値段もWシンクと変わりません。偶然にも在庫があるので、おひとついかがですか？」と平常の声でプレゼンしたところ、ショックで正気を保てなかったであろう夫があっさりうなずきました。平静を装いながら、心の中でガッツポーズです。一緒に説明書を読み、夫の後ろから懐中電灯でシンク下を照らしつつ時々励まして、数時間後に無事大型シンクが設置されました。

おかげで、便利な仕切りのない大型シンクの喜びを日々感じています。備えあれば憂いなし、果報は寝て待て。

ガスコンロか電気コンロか

皆さんのお宅のコンロの熱源は何でしょう？　電気のご家庭が増えているとは思いますが、日本での主流は今も火力に勝るガスではないでしょうか。我が家は、パッと見はＩＨによく似たハロゲンコンロ（Ceramic Cooktop, Ceramic Stovetop）です。今までガス、コイル式の電熱コンロ、現在のハロゲンタイプを使ってきましたが、手入れがしやすいのは今のハロゲンタイプで、熱伝導の早さと火力はガスが最強。どちらにしろ相性最悪だったのが、コイル式の電熱コンロでした。

コイル式コンロの見た目はまるで大きな蚊取り線香で、ノブをひねると、もどかしいほどゆっくりと熱くなります。熱くなったらなったで、強火から弱火に下げてもすぐ反応しないので、素麺を吹きこぼしそうになって慌てて鍋を持ち上げたり、使い終わったあともオーブンのように余熱でなかなか冷めないので、電源を切ったのにいつの間にか煮汁がなくなっていたなんてこともあります。そのうちに慣れて、それを見越して早めに電源を切るクセが付きました。その他にも、揚げ物などをして気が付かないうちに他のコイルに油が跳ねていた時は、後日該当のコイルを熱するとその箇所から油煙が上がり、してやられた気分になります。この状態では何も施しようがなく、油が焼き切れるまで調理を続けるだけです。汚れ防止に一応金属製のカバーも売っているのですが、必要な時に毎回外す必要があり、うっかりするとカバーをしている箇所の電源を間違えて入れて、カバーが熱くなって焦げたりといい思い出はひとつもありません。それに比べると、今のハロゲンタイプはとても楽です。

「換気不十分な環境下でのガスの使用は、呼吸器疾患を引き起こしたり悪化させたりする可能性がある」といくつかの研究機関から注意喚起がされているからか、アメリカでは電気コンロへのシフトが進んでおり、２０２０年のデータによると、アメリカでは電気コンロの使用割合が全体の68パーセントを占め、ガス火がメジャーなのは、カリフォルニア州、ニュージャージー州、ネバダ州、イリノイ州、ニューヨーク州のみです。電気コンロの中でも現在の主流はハロゲンタイプで、ＩＨは値段が割高なこともあってか普及が遅れており、私が仲良くなれなかったコイル式は徐々に風前の灯火になりつつも、未だに現役で販売されています。

コンロ下には大型のオーブンが付いているタイプ（Freestanding Range）が多く、コンロ台の代わりにもなっています。一般的なデザインの場合、オーブンの一番下には引き出しがあり、そこにはオーブンの熱で多少温まっても問題がない、スキレットのような鋳物の調理器具を保管しているご家庭が多めです。ちなみに本来は、調理済みの料理や皿を保温しておくのが目的で、たくさんの料理を用意するホームパーティーの際などに使用します。

そして電気コンロは、どのタイプでもつまみに細かくメモリが書いてあることが多く、ローからハイの間にミディアムがあり、その間にもいくつかのメモリがあるので、「強めの中火」や「弱めの中火」などが視覚的に分かりやすく調節できます。使い始めた当初はガス火が恋しかったのですが、今では利用者に感覚的微調整を求めない電気コンロも悪くないなあと思っていて、たい焼きや南部せんべいなど、どうしてもガスが必要な時はカセットコンロを使用しています。さらに、鍋やフライパンの類いにもメーカー共通サイズがたくさんあり、そのおかげでレシピを作る際も調理時間や調理器具のサイズを細かく指定できるため、ちょっぴり分量が雑でも結果的に料理の成功率はかなり上がります(アメリカのレシピはカップ表記が中心)。レシピ作成者としてはコンロ、調理器具ともに、互換性がある規格は大歓迎です。

憧れのウォーターソフナー

渡米後、1年半ほどワシントン州の小高い森の中腹に住んでいました。その頃は意識していなかったのが、水道水の質です。

水道をひねれば冷たい軟水が出てきて、水回りの掃除は楽。洗濯も問題なし。シャワーで髪がごわつくことや、肌のコンディションが悪くなることもなかったような気がします。

北フロリダに引っ越して真っ先に気が付いたのは、水回りの汚れと水の味でした。水道水をピッチャータイプの浄水フィルターに通して料理やお茶に使用しているのですが、なんだか美味しくないのです。うーん、臭いなのか味なのか。日本から持ってきた緑茶を淹れても味が違うし、シャワーのあとに石鹸分を落とすべく、ガラスドアやタイルを水ですすいでおくと、どんどん広がっていくうろこ状の水垢。これはもしやと思って調べたところ、北フロリダは硬水の地域だということが分かりました。おまけに塩素も多めに添加されています。私が住んでいるエリアの飲料用水道水の硬度は128㎎／Lで、これでも街の中では一番低いレベルです（街の平均値は229mg／L、日本の平均値は48・9mg／L）。

皆さんはこれにどう対応しているんだろうと気になったので、北フロリダ在住の日本人の友人に聞いてみたところ「うちはウォーターソフナーがあるから問題ないの」といわれ、その存在を初めて知りました。アメリカは、地域によって水の硬度にかなりバラつきがあり、硬度が高い地域では、家庭の水道水を軟水に変える大きな浄水の機械が売られています。硬水に含まれる過剰なマグネシウムやカルシウムといった特定ミネラルのイオンを、イオン交換樹脂の働きでナトリウムイオン（またはカリウムイオン）に置き換え、硬度を低下させて軟水に変えるもので、メンテナンスに大量の塩が必要になりますが、その機械を通すだけで家庭の水が全て軟水になります（他のタイプもあります）。是非我が家でもと思い早速夫に交渉してみたのですが、気軽に取り付けられる値段ではないので「そんな高いもの要る？　気になるなら掃除を一緒に手伝うから、そのままでいいんじゃないの？」と断られてしまいました。勝手に付けるわけにもいかず、では私が全額負担の方向で！と交渉しても「君の仕事は安定していないから、一時帰国や緊急用に貯金しておきなさい」と至極まともな返事で終了。ぐうの音も出ないとはこのことです。

諦め切れず、たまに交渉してみますが、やはり断られます。直接的な交渉ではうまく行かないので時々水回りの掃除の成果をわざと見せ、大変でしたーとアピールすると、「それはお疲れさま。ありがとう」で終了。緑茶が美味しくないんですけどというと、「この水で緑茶を淹れるといいよ」とディスティルド・ウォーター（Distilled Water／蒸留水）を買ってきてくれました（アメリカの蒸留水は、飲料水のコーナーにあります）。先日は、特定の豆を硬水で戻すと皮が剥がれてしまう原因が、水の硬度で種皮が硬くなり、子葉の吸水スピードに皮が追い付かないためと判明。その解決法は、0・3パーセントの塩水に浸けて戻す方法で、種皮に含まれるマグネシウムとカルシウムイオンを塩のナトリウムイオンで置き換えて働きを弱らせ、皮をリラックスさせながら豆を戻すという、ウォーターソフナーの仕組みに近いものでした。やっと原因が分かりましたと夫に報告すると、「無事解決できて良かったね」とにっこり。アピール作戦では通じないようです。

結局今でも、硬水では雑味が出てしまう昆布出汁は使わず、硬水の味をカバーしてくれる厚削りの鰹節を弱火で煮立てて出汁を取り、お茶は硬水と相性が良い紅茶をメインに飲み、手洗いの鍋や食器類は洗浄後すぐに水気を拭き取って、水回りはこまめに手入れをするの繰り返しで、かろうじて現状を保っています。夫も協力してくれていますが、せっかちすぎて拭き上げがちょっと甘いので、時々こっそり二度拭きしています。今までの夫との交渉成功率は約8割ほど。果たして勝率は増やせるか？

余談です。イングランドのヨークシャーティーから、硬水用の紅茶（Taylors of Harrogate Yorkshire Tea for Hard Water）が、そしてスコットランドのトンプソンズファミリーティーからは、軟水用の紅茶（Thompson's Family Teas Scottish Soft Water Blend）が出ています。それぞれ硬水と、超軟水である蒸留水で淹れてみましたが、色と味が全く違い、超軟水で淹れると水色は浅く酸味が強調され、硬水で淹れると同じ抽出時間でも水色、味ともに濃く出ると分かり、とても興味深い結果になりました。

ここまでしなくても、日本ではペットボトルに入った硬水が売られているので、もし購入する機会があれば、お手持ちの紅茶で淹れ比べをしてみてください。硬度の違いがこんなにも影響するのかと驚かれるかもしれません。日本の緑茶も、海外消費者向けに硬水用を出してくれないかなあ……。

スタンドミキサーの魅力

アメリカで頻繁に料理をする方なら当たり前のように持っているもの扱いなのが、スタンドミキサーです。料理番組で使用するのはもちろんのこと、料理本でもスタンドミキサーがある前提での作り方をよく目にします。特にキッチンエイド社の認知度が高く、料理はそれほどしないけれど、キッチンはプロ仕様にしたいといったインテリア目的の方にも購入されています。

スタンドミキサーは、卵や生クリームを泡立てたりパン生地を捏ねたりすることができる調理家電で、10段階のスピード調節ができ、サイズやモーターのパワーを含めて様々なバージョンがあります。ベーシックなものは、クラシックシリーズと呼ばれる4・5クオート（約4・2リットル）容量のボウルが付属するもので、上部（頭部）を斜め上に傾けて、アタッチメントと取り外しができるボウルをセットし、再び上部を定位置に戻して使用します。今はこれより小さなミニシリーズが出ましたが、以前はこのクラシックシリーズが一番小さなモデルで、私が初めて購入したのもこれでした（15年ほど大活躍したあと、現在は5・5クォートのArtisanシリーズを使用）。他にもパワーが強いものや、上部が動かない代わりにボウルの高さが調整できて、ボウルの底を氷で冷やしたりお湯で温めたりしながら泡立てが可能なタイプ、業務用として十分に使える大きさのものなどがあります。基本の付属品は、ステンレスか耐熱ガラス製のボウルのほか、アタッチメントとして泡立て用のウィスク、クッキー生地などを混ぜるフラットビーター、パン生地に使うドウフックの3種類があります。ウィスクは生クリームや2個分以上の卵白の泡立て、カステラ生地作り、砂糖とバターをクリーム状にふわふわに混ぜる作業などが大得意です。ビーターはシュークリームの生地に溶き卵を加える作業や、手の熱を加えることなく挽き肉を捏ねることができますし、ドウフックに付け替えると、手捏ねでは難しい高加水のパン生地も余裕でした。反対に、加水率が少ない肉まんの生地などの場合にはモーターに負担がかかって本体が熱くなるので、適度に休憩を挟んで使用するのがコツです。

別売りのアクセサリーやアタッチメントはたくさんあり、本体に取り付けるだけで様々な目的に活用できます。私が現在持っているのはラザニア、フェットチーネ、スパゲティが作れるローラー式の製麺機とカッターのセット、細挽きと粗挽き用2種類のプレートが付いた挽き肉機、予備のステンレスボウルと耐熱ガラスボウル、ホコリよけになりパン生地の発酵の際にも使えるボウル用の蓋です。製麺機ではワンタンの生地や、日本風の厚さが均一な餃子の皮（折り畳んで丸型で抜きます）、沖縄そば、ラーメンなどが作れます。今はそばやうどんはアジア系食料品店で乾麺を購入することが多いので、これらを作ることは以前ほど頻繁ではなくなりましたが、きしめんだけは手に入りにくいので、これは必ず製麺機を使用した自家製です。茹でたて生きしめんの、つるんとした喉ごしとなめらかな食感は絶品です。手動のパスタマシーンも持っていますし、麺棒を使って丁寧に伸ばし、均一な幅で切っていく麺作りも楽しいのですが、思い付いた時にすぐ作れる利便性には敵いません（手動のパスタマシーンは、キッチンエイドの製麺機ではできないカッペリーニや、とんこつラーメン用の極細麺が欲しい時に使用）。挽き肉機のアタッチメントでは、普通の挽き肉作り以外にも、塩とスパイス類で下味を付けた豚肩肉を挽いて、アメリカの朝食に重用されるケーシング不要のブレックファストソーセージや、ミートボールやラザニアの具材にも用いるイタリアンソーセージ（サルシッチャ）を作っています。

万能そうですが、残念ながら日本のもち作りには向いていません。粘りは出ますがもち米の細かな粒が残ります。この場合、手間は増えますが水に浸したもち米をミキサーでなめらかになるまで砕き、水気をよく搾って蒸してから捏ねる台湾式なら美味しく作れます。さらにアタッチメント全てが高性能なのかと聞かれればそうともいい切れず、プラスチック中心のパーツの場合は仕上がりに満足できないこともあるので、購入前には商品レビューなどを読んで考慮してください。

場所を取る上に重いですが壊れることはめったになく、とても頑丈です。やる気はあってもハンドミキサーを持ち続けたまま作業することが健康上難しい、という方にもお勧めです。セールの時期やクーポンを活用すればかなりお安く買うことができるためか、駐在員一家や、永住目的で住んでいる日本人の保有率は高めです。日本で購入するとかなり高価なので、ハワイ旅行の際にセールで購入して日本へ持って帰ったという強者もいらっしゃいます。今もアタッチメントの新商品が出続けており、アタッチメントとの購入攻防戦はこれからも続きそうです。

皆さんもスタンドミキサー愛好会へ入りませんか？　ご入会、お待ちしております。

あなたの代わりに煮込みます

在米日本人を含めてしばしば話題に上るのは、「スロークッカーと圧力鍋、ひとつ買うとしたらどちらがいいのか」です。個人的な見解としては「急ぎでなければスロークッカー。短時間で済ませたいのであれば圧力鍋」と答えるでしょう。

スロークッカー（Slow-cooker）とは、薄いアルミ製の加熱保温電気鍋に陶器製の内釜を入れ、ガラス蓋を被せた長時間調理を目的としたもので、アメリカでは誰もが知っているであろう調理家電のひとつです。これで調理すると、煮豆や豚の角煮などはとても柔らかくなります。具だくさんのスープ、チリ、シチュー、カレーなどの煮込みも得意です。これでプルドポーク（本来は、長時間低温でスモークして割いた豚塊肉）や、骨がスルッと抜けるほど柔らかいスペアリブもできますし、牛すね肉やテールもホロホロ。焦げ付き防止にかき混ぜる必要がないので、それによる煮崩れはありません。上面に焼き色は付きませんが、中にはこれで18ページのキャセロールやラザニア、ケーキ類を作る人もいます。調理時間は違えど、炊飯器でごはん以外の調理をする感覚に近いかもしれません。電源が確保された場所だと、調理した料理をスロークッカーごとポットラック会場へ持って行くこともあり、車での移動を見越して蓋がロックできるタイプも売られています。在宅時間が長い方はもちろん、外でお仕事をされている方でも朝仕込んでおけば、帰宅時には晩ごはんのメインメニューが出来上がっています。

私はこれで茹で小豆をよく作ります。大納言サイズの小豆を半日かけてゆっくりと煮込み、指先で潰せるほど柔らかくなったら、余分な水分をすくい取ってきび砂糖とひとつまみの塩を加え、軽く混ぜて電源を止めます。粗熱が取れたら密閉容器に移して冷蔵庫で一晩寝かせ、翌朝軽く温めると、とろりとした茹で小豆の完成です。ほぼ放ったらかしできる上に缶詰を購入するよりかなり割安なので、アイスクリームやパンケーキ、寒天の上からかけたりと、惜し気もなく使えます。さらにこれを鍋や電子レンジで煮詰めるとつぶ餡に変身するので、それを見越していつもたっぷり作ってしまいます。焦がすことなく大量のジャムを作ることだって可能です。沖縄の冷たいぜんざいに使用する金時豆の甘煮はもちろん、正月の黒豆もふっくらツヤツヤです。

スロークッカー用の料理本はたくさん出版されており、特に秋冬になるとこれを使った煮込みやスープの登場率がぐっと上がります。日本にもすでに似たような作りの高級電気鍋があり、それに比べると機能は保温、低温、高温調理と非常にシンプル。しかし、それで十分とおっしゃる方にはスロークッカーは大変お買い得です。圧力鍋は、使う食材によっては蒸気口が詰まって爆発するという恐ろしいことがたまにありますが、これならそんな心配はご無用です。さらに、後片付けが楽なように耐熱の使い捨て袋が売っており、これを内釜にセットして調理すると洗うのは蓋だけで、至極便利です。高級モデルには、内釜がノンスティック加工の金属製で、深いホットプレートのように肉類を焼き付けてから煮込めるモデルや、タイマー付きもあります。贅沢をいえば、お安いモデルにもこのタイプを出してくれたらいうことなしです。

食べ物用乾燥機

渡米1年目に購入した調理家電のひとつに、日本ではドライフルーツメーカーと呼ぶ、フード・ディハイドレーター（Food Dehydrator）があります。これは食品用の乾燥機で、元々は切り干し大根や干しいもが作りたいなと思って購入しました。安価なモデルですが、20年近く使っています。当時はテレビのショッピングチャンネルで、フード・ディハイドレーターが繰り返し紹介されており、果物や野菜の乾燥、ビーフジャーキーもできると謳っていました。面白そうだなと思い、近所の大型小売量販店へ行き、財布と相談しながらワット数がなるべく大きめのものを買いました。当時、日本円で５０００円くらいだったでしょうか。

作りとしてはとても簡単で、数段積み重ねた丸く平たいプラスチック製のザルの上にファン内蔵の蓋を被せ、設定した温度でまんべんなく風を吹き付ける仕組みで、食べ物をじっくりと乾燥させることができます。

手始めに、買い置きしていた龍眼《ロンガン》の缶詰のシロップを切って、キッチンペーパーで水気を拭き取り、ドライロンガンを作ることにしました。弱に設定したドライヤー程度の音が常にするのでそばに置いておくことはできず、使っていない別室へ置き、ドアを閉めて乾燥させること約一日。無事に美味しくできたので気分が良くなり、その後いろんなものを作りました。

パッケージに同封されていたビーフジャーキー用のスパイスミックスを脂身の少ない薄切りの牛肉にまぶし、一番高い温度で乾燥させると、時間さえかければこんなに簡単にできるのかというくらい美味しいビーフジャーキーが完成し、あっという間に食べてしまいました。他に、干しいも、切り干し大根、割り干し大根を作ったり、しっとりタイプのクッキーが苦手だった当時はカリッとさせるためにこれで乾燥させたり、クッキーのアイシングを早く乾燥させたくてアイシングクッキー作りにも使用したり。これは、クッキー自体がガリガリに硬くなってしまったので失敗でした。アイシングクッキーは自然乾燥が向いています。

それから、インスタント焼きそばに入っているキャベツと人参の食感が好きなので、茹でて刻んだキャベツと人参を乾燥させました。コンソメスープに入れたところ、あのインスタント焼きそばに入っている野菜の味と食感です。面白くて、お買い得の野菜があるとそれらをさっと茹でたものやスライスしたものを乾燥させ、味噌汁用の野菜としてストックしていました。

北フロリダに引っ越してからも、ハーブ類や野菜を乾燥させました。激安で手に入るようになったマンゴーをドライマンゴーにしたこともあります。完熟させると糖度が高すぎてきちんと乾かず、網にこびりついてしまうということが分かり、ドライフルーツにする時には甘すぎない方が良いことを学びました。焼きいもを使った干しいもも糖度が高くなるので同様です。フィリピン人のお隣さんができてからは、毎年家庭菜園のゴーヤーと白瓜をいただくようになったので、ゴーヤーは少しだけ過熟させ、中の種がちょっと赤くなるくらいのものを輪切りにし、しっかり乾燥させます。その後オーブンでほうじ茶色になるまで焼いて、ゴーヤー茶を作ります。これは毎年夏になると冷蔵庫に常備する私専用の飲み物になります。このゴーヤー茶と皮を剥いて種を取った白瓜、塩豚を一緒に煮込むと、美味しいスープができます。苦みは全くありません。

失敗もいくつかあります。果物をザルに並べた際にスペースが余ったので、安売りしていた貝柱を塩茹でして干し貝柱も一緒に作ろうとしたところ、臭いが混ざって気持ち悪くなりました。幸い臭い移りはしませんでしたが、魚介類は単品のみで乾燥させるのが正解です。

置く場所を大失敗したのが、どくだみです。どくだみ茶が大好きなのでどうしても飲みたくなり、メルカリのようなオンラインフリーマーケットのeBayを利用してジョージア州から苗を送ってもらい、鉢植えで育てました。

わさわさと育ったどくだみを切り取り、フード・ディハイドレーターで乾燥させようとしたところ、ドアを閉めていても家中に生のどくだみの香りが広がり、帰宅した夫から大変な苦情を受けました。ガレージに移して最後まで乾燥させ、オーブンでローストしたどくだみ茶はとても美味しく、その後は天日干しに切り替えて毎年夏に作っていたのですが、いつの間にかヒアリの快適な巣になってしまったので処分し、手作りどくだみ茶は我が家から消えました。他にペット用の無添加ジャーキー作りや、クラフト作品の乾燥に使う方もいらっしゃいます。もう十分に元は取れていますが、これからも大切に使っていこうと思います。

我が家の新入り調理家電

近頃は、最新家電に興味がなくなり、定番となったものを好むようになったのですが、アメリカでは誰もが知っていそうな調理家電が、2年前に我が家へやって来ました(毎年たくさんのクリスマスプレゼントをくれる専属のサンタより)。日本ではノンフライヤー、ノンオイルフライヤーなどの名前で流通しているエアーフライヤーです。

場所も取るし、あんまり必要ないかもなあと思っていたのですが、使ってみると便利な上に美味しく仕上がるので、すっかり手放せなくなりました。

冷凍ポテトのような、事前に軽く揚げてオーブンで仕上げるものととても相性が良く、途中で一、二度ひっくり返すかバスケットを揺らす程度で全体が色良く焼けます。揚げ物の温め直しには最強で、パン粉ベースの市販品はもちろんのこと、冷蔵庫や冷凍庫で保存していた手作りの天ぷらや唐揚げなどを、揚げたてのように温め直すこともできます。余分な油は下に落ちるので、その油の量に驚かれると思います。

デニッシュやクロワッサンの温め直しにも最高でした。もう常温のこれらには戻れないかもしれません。

野菜料理にも向いています。好みの野菜をなるべく等分にカットし、オリーブオイルと塩胡椒（お好みでシーズニングソルトでも）をまぶし、一口大に切ったソーセージと一緒に焼いてみると、メインを張れるおかずになりました。前日に電子レンジで調理した冷えたとうもろこしをエアーフライヤーで焼くと、外は香ばしくて身離れが良い上に、中は甘みが凝縮されています。

ある日はサーモンを焼いてみました。切り身の全面にディジョンマスタードを塗り、BBQ用のシーズニングミックスをまぶしつけて皮面を上に向けて焼いたところ、ひっくり返すことは一切不要で、ふっくらジューシーだけれども皮パリパリの美味しいエアーフライグリルドサーモンができました。

タンドリーチキンや香港風の赤い叉焼も大成功。皮付きの鶏もも肉や鶏手羽の焼き上がり加減はどの味付けのものでもとても素晴らしく、鶏ももの場合は皮を上にして焼き、ひっくり返さないのがパリパリに仕上げるコツです（鶏手羽は両面焼いてください）。この分なら、エアーフライ北京ダックも作れそうな予感がします。

日本には、揚げて仕上げることを前提にした白いパン粉をまぶした冷凍食品がありますが、これをエアフライヤーで調理する場合は、オイルスプレーをしっかり吹き付けて色良く焼けるまで加熱し、ひっくり返して再びオイルスプレーを振って焼き上げるのが必須になります。自家製でパン粉をまぶした揚げ物風を作りたい場合には、少量の植物油を絡めて薄く色付くまでフライパンやオーブンで乾煎りした焼きパン粉を使うと、エアーフライヤーで焼いたものでも見映えはかなり満足するものができます。この焼きパン粉は事前に準備しておくことが可能です。

この万能調理器具のようなエアーフライヤー。作れないわけではないのですが、向いていないものもあります。

ケーキやカップケーキ、マフィン類は中心に火が通るかなり前に表面生地が焼けてしまうので、中心から美味しそうに生地は割れず、ものによっては、端から火山の溶岩のように生地が流れ出します。味はオーブンで焼いたものと変わりませんが、見た目がいまいちなため、あまりお勧めはしません。

次はステーキ。まずは説明書通りに一度、そして工夫して二度試してみましたが、濃い焼き目は付きません。見た目だけでなく風味もいまいちでした。ただし、厚切りステーキ肉の両面をまんべんなく高温のエアーフライヤーで加熱し、最後に鋳物のスキレットで揚げ焼きにしたステーキは絶品だったので、二度手間が面倒でない方はお試しください。

ネックは使用する食材や調味料によっては網に焦げ付きや油汚れが付くことです。しばらく食器用洗剤入りのお湯に浸したあと、こすり洗いをするのが微妙に面倒だったのですが、パーチメントペーパー（クッキングシート）で作ったライナーが売られているのを知り、それを試してみたところ、こすり洗いをする必要が全くなくなりました。シリコン製品も売っているのですが、水分がこもって蒸し焼きっぽくなってしまうので、個人的にはパーチメントペーパーを好んでいます。そのペーパーですが、それのみを敷いたままの状態で決して予熱はしないでください。熱風で紙が浮き上がって熱源に張り付き、場合によっては火事の原因になります。少量の食品を熱する場合も同様です。そしてペーパーを敷くと熱風の循環が若干遮られるため、底になる部分の色付きが悪くなります。ひっくり返せない食材だけど底までしっかり焼きたいという場合は、ペーパーの使用は見送った方がいいと思います。

市販の冷凍食品のパッケージに、オーブンや電子レンジでの調理法に加え、エアーフライヤーでの調理法も記載されているのを発見した時は、この調理家電はもうアメリカでは定番なのだと確信しました。まだまだどんなものに使えるのか、追求する日々は続きそうです。

たかが紙、されど紙

初めてアメリカで焼き菓子作りをしようと思った時、買い間違えてしまいがちなのが、日本でいうクッキングシートだと思います。アメリカではパーチメントペーパー（Parchment Paper）と呼び、食用品ラップやアルミホイルなどと同じ売り場に置いてあります。食品に触れても安全なレベルのシリコンでコーティングされており、耐熱温度が218℃（425°F）ほどあるので日本のものより高温調理に強く、サイズも大判でとても頼り甲斐があり、我が家では常にキッチン用品の一軍です（超高温で焼くピザなどには、ノンスティックタイプのアルミホイルをお勧めします）。ですが、その名前をよく知らないままスーパーへ行くと、間違えて似たようなものを手に取ってしまうことがあります。それがワックスペーパー（Wax Paper）です。

ワックスペーパーとは、紙の両面に食用グレードのパラフィンワックスをコーティングしたもので、手触りは違えどパッと見はパーチメントペーパーによく似ています。ある程度の防湿、防水、耐油性があるので、サンドイッチを包んだり、電子レンジで食品を温め直す際のカバー代わりに使ったり、溶かしたチョコレートやオレンジピールのような砂糖漬けが乾くまでくっつかないように並べたりと、使い方によってはとても便利なもので、パーチメントペーパーよりも割安です。そんなワックスペーパーにも弱点があります。ワックスを使用しているので、耐熱性がないのです。それを知らずに天パンにペーパーをのせてクッキー生地を置き、オーブンへ入れて焼き上がりを待っていると、クレヨンのような臭いがしたかと思うとオーブンの扉の隙間から煙がモクモクと立ち上り、ギャーッとなります。せっかく作ったクッキーはまだ焼き上がっていないかもしれません。はるか昔の結婚当初に、これをやったことがあります。あれは悲しかった……。少々トラウマとなり、それ以来ワックスペーパーは我が家のキッチンから消えました。

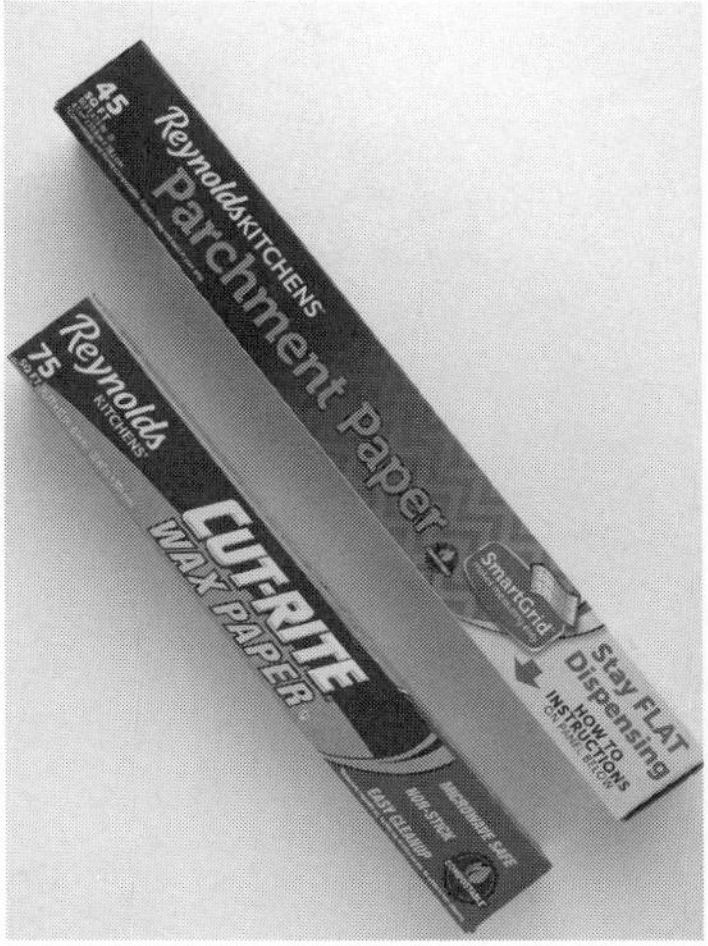

そして、あの悲しみの日から幾年月。数ヶ月前、夫が私の一時帰国中にワックスペーパー

を購入していたことを知りました。どうもパーチメントペーパーとの違いがよく分からずに選んでしまったようです。久しぶりのワックスペーパーの登場に驚きましたが、長い年月をかけて改良されたのでしょうか、当時のものに比べてクレヨンやろうそくのようなワックス独特の匂いはしなくなっていました。用途ごとの使用目的さえ分かっていれば、パーチメントペーパーとの使い分けは決して難しくありません。

トラウマを乗り越え、今では夫のランチ用サンドイッチの包み紙の他に、パイ生地やクッキー生地をこれで挟んで伸ばしたり（打ち粉が少なくなり、麺棒も汚れにくくなります）、鶏肉や豚肉を叩いて広げる時に使用したり、塊のチーズを包んで短期の冷蔵保存に使ったり（ジッパー付きビニール袋に入れるよりカビが発生しにくいです）、自家製冷凍食品を凍らせる際にバットの上に敷いたり、衣を付けた揚げ物材料の一時待機場に使ったりと活躍中です。

ただし、うっかり間違えてオーブン用として使わないように、パーチメントペーパーとは別の引き出しにしまっています。

6.

Living in the U.S.

アメリカの生活

アメリカ食歳時記

日本に季節の行事食があるように、アメリカにも行事やイベントの際に食べる定番料理がありります。それぞれどんな料理があるのかご紹介したいと思います。

ニューイヤー（1月1日）お正月

南部では、刻んだハムと一緒に煮込んだささげの仲間ブラックアイドピー、長粒種の米、かぶの葉などを煮込んだグリーンズ、コーンブレッドなどが正月料理として登場します。どれも、お金や健康、感謝の象徴が込められており、食材や調理方法は違っても、日本と似通っています。ただし大事なのは1月1日だけで、2日以降は普通の食事に戻ります。そのため我が家では、1月1日はアメリカ南部の正月料理、2日以降は日本の正月料理を出すようにしています。

バレンタインデー（2月14日）バラやバルーン、ぬいぐるみが市場にあふれる愛の日

カップルや夫婦のみで外食することが多く、特にステーキレストランは大混雑。人気メニューはステーキとロブスターのコンビネーションです。アメリカでは、性別問わずに何かしらの贈り物をし、小学校などでは、カップケーキや、ちょっとしたお菓子の交換会がクラスメイト全員で行われます。

イースター（復活祭、春分の日のあとの、最初の満月の次の日曜日）**キリストの復活を記念する、キリスト教徒にとっては最も重要な日**

この日は小売店やスーパー、レストランなどが休業します。大きなハムの登場率が高く、ゆで卵の黄身をマヨネーズなどで味付けして白身に詰め直したデビルドエッグ、ドライフルーツを混ぜて焼いたホットクロスバンと呼ばれるパンが定番です。この時期には、ひよこの形をしたカラフルなマシュマロや、うさぎの形をしたチョコレートなどが店頭に並びます（ともに繁栄のシンボル）。

母の日（5月第2日曜日）**母への感謝や敬意を表す日**

スーパーではステーキ用の牛肉、カニの脚やロブスター、スパークリングワインなどがセールになり、配偶者やご家族が料理をしてお母さんに日頃の感謝を伝えます。この日は朝のパンケーキからディナーまでずっと家族にごはんを作ってもらえることが多いので、「一年中母の日でもいいわ」というのがお約束のお母さんジョークです。日本ではカーネーションが定番ですが、アメリカではバラ、寄せ植えの鉢物、あじさいが多く、ジュエリーやバッグ、化粧品などがプレゼントの売れ筋です。

メモリアルデー（5月最終月曜日）戦没将兵追悼記念日

この日からグリルやＢＢＱを開始するご家庭が多く、夏の到来を告げる風物詩的な日でもあります。グリルではハンバーガーやホットドッグ、ステーキ、とうもろこしなどが調理されます。サイドディッシュには、コールスローやポテトサラダ、ベイクド・ビーンズなどが、デザートには、ブルーベリーや黄桃を使ったフルーツパイ、バニラアイスクリームがよく登場します。

父の日（6月第3日曜日）父への感謝や敬意を表す日

母の日と違い、お父さん自身がグリルをして家族をもてなすことが多いです。メニューは基本的にお父さんが食べたいものを選ぶので、ステーキやソーセージ率高めです。配偶者や子どもたちは、DIY店のギフトカードや、「うちの父ちゃんは世界一」みたいな意味を書いたロゴ入りTシャツ、帽子、メッセージ入りの置物や壁掛けなどを贈ります。

独立記念日（7月4日）**アメリカの建国を記念する日**

夏の楽しみはグリルしかないのかと思うくらい、グリルの登場率が高めです。メニューは他の日とほとんど変わりませんが、デザートには、すいかなどの季節の果物、ブルーベリーパイやチェリーパイ、ブルーベリーとストロベリー、バタークリームでアメリカ国旗を模した、ベリーケーキ、バナナプディングがよく登場します。

レイバーデー（9月第1月曜日）**労働者の日**

この日はグリルやBBQの最終日といわれ、夏に別れを告げながらシーズン最後のグリルを楽しみます。暖かい地域では、この日以降もグリルやBBQをします。

感謝祭（11月第4木曜日）**干ばつからの解放と収穫を喜び、感謝を捧げる日**

ホリデーシーズンの始まりのこの日は家族や親戚が集まり、小売店やスーパー、レストランなども閉まるところが多いです。七面鳥を焼いて、サイドディッシュにはスイートポテトやグリーンビーンズ、グレービーをかけたマッシュドポテト、デザートにはパンプキンパイやスイートポテトパイなど、秋の収穫を象徴する食べ物が多めです。

クリスマス（12月25日）キリストの生誕を祝う日

キリスト教徒にとって特別な日で、店が閉まることと、登場するメニューは1ヶ月前の感謝祭とほぼ変わりません。七面鳥の代わりに、大きな骨付きハムを用意することも多いです。友人知人間ではプレゼントは基本的にひとつですが、家族間では複数のプレゼントを送り合うことが多く、感謝祭翌日からクリスマス直前までが、アメリカで一番消費が多い時期になります。

こうして並べてみると、アメリカは宗教国家だなあと感じ、夏のグリル好きに驚きます。人々は感謝祭で食べすぎたままクリスマスを迎え、正月に突入するのがお約束。ニューイヤーイベントが終わると、付け焼き刃のように運動時間を延長しています（私も）。

アメリカで出会った料理本

子どもの頃から本を読むのが大好きで、実家の本棚や、祖父母宅に残されてあった叔母の書棚にある本を片っ端から読んでいました。料理本や料理エッセイも好きで、材料が手に入らなくて作れないものでも、これは一体どんな味だろうと想像を膨らませたものです。

そのうち、実家にあった料理本や『暮しの手帖』といった雑誌、叔母から譲り受けた『きょうの料理』数十年分などを見ながらお菓子作りや料理をしたり、その延長で思い付きの料理をしたり。高校生の頃には母に頼んで、雑誌や本のレシピを見ながら全て一人でおせち料理を担当させてもらい、それは私が家を出るまで5、6年続きました。一人暮らしをしていた時は、いかに安くて美味しいものを作るかのチャレンジがとても楽しく、料理本を見ることは皆無に近かったように思います。

結婚後は、食に対する興味が非常に強く食いしん坊な夫の存在が大きかったことと、いつかは永住目的で渡米するという話を聞かされていたので、いろんなジャンルの料理が作れる喜びと相まって、元々持っていた食への貪欲さが開眼した気がします。日に日に増えていく料理本は、私の先生であり、友達であり、心のよりどころです。特に渡米後は、気になったアメリカの料理本を片っ端から購入し、失敗も重ねながら様々なものにチャレンジしてきました。

アメリカの料理本を購入されたことがある方はご存じかと思いますが、プロセス写真はもちろんのこと、料理写真が非常に少なく、レシピはきちんとあるのに完成した姿が全く想像できないものがたくさんあります。時代の波で電子書籍に移行しつつありますが、今でも物理的に凶器になるほど立派な仕上がりのハードカバーが、所狭しと書店に並んでいます。

この写真が少ない理由は、果たしてカバーに予算を使いすぎて写真にまで手が回らないのか、必要としていないのか。中には料理の空気感を演出するためでしょうか、現地の風景写真を多めに入れたり、プロセス写真に大きく1ページ使ったりなど、テキスト多めの写真集のような雰囲気です（といっても写真自体少ないのですが）。そのためか、リビングルームのテーブルの上や、実用を兼ねてキッチンの片隅にインテリア代わりとして本を飾っている人もいらっしゃいます。

この完成写真が少ないアメリカの料理本には、利点もあります。写真がないものは、材料やプロセスの文章をきちんと読み込む必要があります。写真が多いと、材料とプロセス写真だけ見てレシピはさらっと読み流し、なるほどこんな感じかと見落としてしまうこともありますが、テキストだけだとそんなことをしたら大事故です。レシピの他に、丁寧な材料説明や料理の背景、それにまつわるエピソードなどが記されていることも多く、活字中毒としてはここも見逃せないポイントです。

次に分量表記です。グラムやオンス、パウンド表記も近年増えてきましたが、それでもまだアメリカの料理本の分量表記は、カップ表記が中心です。刻んだセロリ3カップ分なんていうのもあります。秤を使わないので手間が省け、気軽に作れるモチベーションにもなりますが、量り方によっては正解なのかどうかがいまいち分からないギャンブル的なものです。100年以上前の古い本になると、「高温のオーブンで、出来上がるまで焼く」や「小麦粉一掴み、砂糖両手に一杯分、甘くなるまで砂糖を足す」など、分量だけでなくオーブンの温度や焼き時間が書いていないものもあります。巻末に換算表が載っている料理本もありますが、本によって換算の仕方が違うので、これも正解なのかが分かりません。

そして定価販売していることは少なく、書店によってはメンバー価格で20パーセント引きや、ネット書店でも度々値段が変わるので、購入しやすいという利点もあります。すると、お得に買えた気分になり、絶対に欲しい本でなくても気軽に手に取ってしまいます（ただ、著者は印税をきちんともらっているのか心配になります）。

商業出版や自費出版の料理本以外にも、ひいおばあさん、おばあさんから伝わる手書きのレシピというものがあります。それはノート状にまとめられているものもありますし、インデックスカードという、約8×13センチの厚手の紙にまとめられているものもあり、私もこのインデックスカードにレシピを書き連ねています。

私たちには子どもや日本語が読める甥、姪はいないので、私が旅立った時にはこのレシピカードはどうしたものかなと長年思っていましたが、幸運なことに料理本を商業出版できるようになり、その料理本を購入してくださった皆様が私のレシピの受け取り手です（ありがとうございます）。

立派な見かけと内容だけど写真が物足りず、分量表記はあれど少々雑な料理本がアメリカの大らかな国民性を表しているようで面白く、今日も愛でながら料理本を読んでいます。

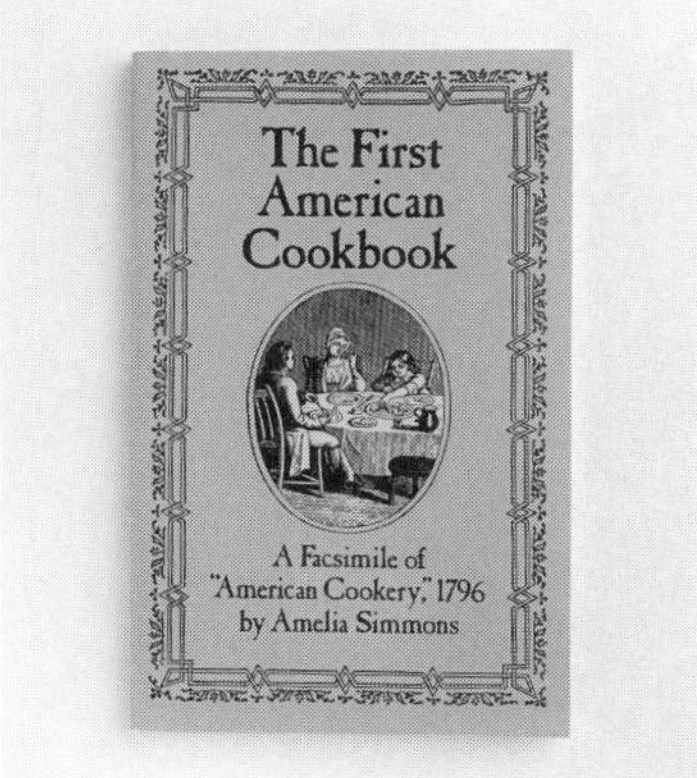

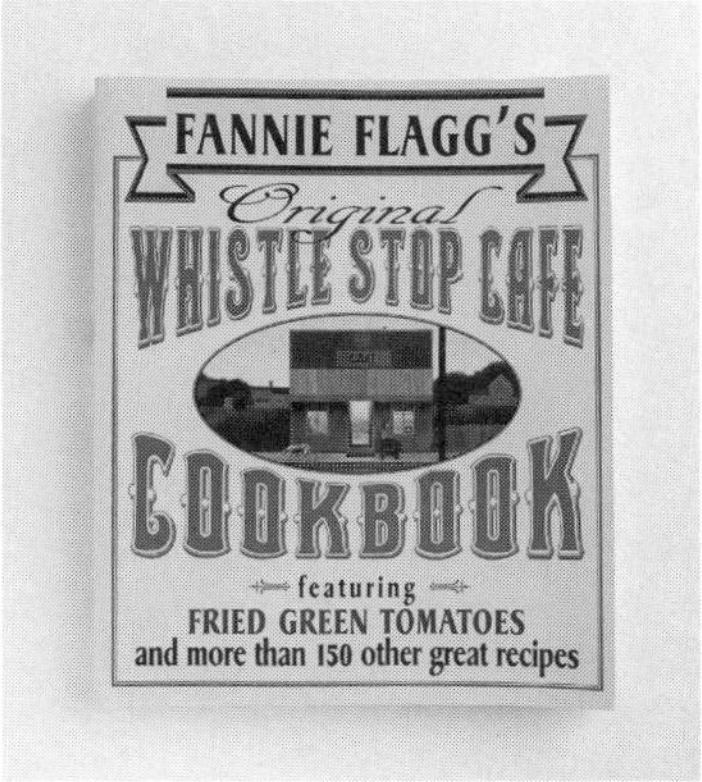

左上／The Martha Washington Cookbook（1940）／アメリカ初代大統領夫人、マーサ・ワシントンのレシピ集。丁寧に分量が記してあり、とても読みやすくて理解が深まります。オクラホマ州に住む友人が、「自分が持っているより貴女の方が役立ててくれそうだから」と15年近く前に譲ってくれました。　**右上**／The Virginia Housewife：or Methodical Cook(1824)／アメリカで一番最初に出版された郷土料理（南部料理）とハウスキーピングの本。バージニアの食材をメインに使用していますが、レシピには、西アフリカ、アメリカ先住民、ヨーロッパの食文化などの影響が見て取れます。料理のレシピには、分量や調理時間などの表記は、ほぼありません。　**左下**／American Cookery（1796）／アメリカ独立後、アメリカ人によって書かれた最初のアメリカ料理本。独立前は、イギリス製の本しか出版されていませんでした。分量は記されていますが材料と作り方が分かれておらず、フォントはタイプライター調で改行も少ないので非常に読みにくいです。　**右下**／Fannie Flagg's Original Whistle Stop Cafe Cookbook（1993）／映画にもなった小説『フライド・グリーン・トマト』の著者による南部料理の本。レシピは、アラバマ州で著者の叔母が50年経営していたカフェのメニューがベースになっています。料理の写真はなく、南部をイメージした白黒写真やイラスト、エッセイが空気感を演出し、どのレシピも分かりやすい上に美味しいので、大好きです。

ケイジャン料理とクレオール料理

「面白かったけど、アメリカ南部料理なのにガンボが載っていない」。拙著『アメリカ南部の家庭料理』の読者の方が述べられた感想のひとつです。確かに。お気持ちは分かります。

日本の方がアメリカの南部料理と聞いて思い浮かべるのは、ルイジアナ州のケイジャン料理とクレオール料理だと思います。私もかつてはそうで、初めて南部料理として購入した料理本はケイジャン料理の小冊子でした（今も大切に持っています）。しかし、南部に暮らして様々なことを調べていくうちに、このふたつは南部の中では独立した存在であると感じるようになりました。

まず、成り立ちが他と違います。南部のほとんどの州は、イギリスの影響を強く受けています。これは、アメリカの独立前は、現在の南部の大部分をイギリスが所有していたためです。しかし、ルイジアナ州は異なります。現在のルイジアナ州エリアはフランスが所有していたため（スペイン所有の時期もあります）、フランスの影響が色濃く残っています。例えば小麦粉ベースの薄いイースト生地を油で揚げて粉砂糖をたっぷりまぶしたベニエや、香味野菜とシーフード、スパイスの煮込みに長粒種の米を添えたエトフェ、しっとりピラフのような米料理のジャンバラヤなどフランス語がルーツのメニュー名もそうですし、ケイジャンの人々はアケイディアと呼ばれるかつてのフランス領(現在のカナダのケベック近辺およびアメリカ、メイン州の東側辺り)から移住させられたフランス系移民の子孫です。そのため、現在でも古いフランス語を話す人々がおり、一時は英語の強制によりその文化が失われそうになりましたが、今でもその文化を残そうと頑張っています。

そして、クレオールの人々はポルトガルやスペインなどから西アフリカに移住した人々の子孫で、アメリカで奴隷化されることはあまりなく、かつては白人、黒人との間の人種として扱われてきた過去があります。彼らは目や肌の色が明るい方々が多く、歌手のビヨンセさんのお母さんはクレオールのルーツを持つ方です。

このふたつの人々がルイジアナで作り出した料理は南部全体の平均的な料理とは食材や使用するスパイス類が異なることが多く、南部のどこに行ってもこれらの料理が家庭で食べられているかと聞かれたら、答えは「いいえ」です。

アメリカ南部では、南部料理の店と、ケイジャン、クレオール料理の店は別物です。南部料理を日本料理と例えれば、ケイジャン、クレオール料理は沖縄料理くらい違います。

なので、個人的にはケイジャン、クレオール料理は南部料理本としてではなく、ケイジャン、クレオール料理本として別扱いしたいなと考えています。そのためには読者の皆様にその分野で出してほしいと出版社宛にリクエストしていただきたいのと（私の一存では決められないので）、私自身がもっと研鑽してこの分野を掘り進めて十分納得していただけるような知識と味を追求できればと考えています。要約すると、「お気持ちは承知しております。もうちょっと待っててくださいね」です。

ちなみに、「アメリカ南部の家庭料理」のブログにはチキンとソーセージのガンボのレシピを掲載しておりますので、よろしければご覧ください。

意外に作れる沖縄料理

渡米前は4年間沖縄本島に住んでいました。沖縄料理がとても口に合い、沖縄の空気感や夕方の海、白い雲が浮かぶ幻想的な夜空、夕涼みに散歩していると聴こえてくるご近所さんの三線の音、12月になっても元気な蝉、のんびりしたシャイでやさしい人々。今でも思い出すと胸がギュッとなり、永住したいくらい大好きです。当時は、スーパーの惣菜から琉球宮廷料理の料理本までありとあらゆるものを試し、何を食べても美味しいので、私の前世は沖縄の人間ではないかと半ば本気で思っていました。

渡米が決まった時、一番初めに気になったのは、日本食が作れるかよりも沖縄のごはんが作れるかでした。しかし、その心配は杞憂でした。想像よりもたくさんの食材が手に入るのです。特に南部に移ってからは、困ることはほとんどありません。

まずは島豆腐です。アメリカのエクストラ・ファーム豆腐は木綿豆腐よりも固い島豆腐に食感がそっくりで、豆腐を使ったチャンプルーはあっという間にクリア。皮付きの豚バラ肉はスーパーで手に入るので、ラフテーは楽勝（豚バラ肉交渉記録は51ページにて）。ラフテー作りの途中で一部を取り分け、沖縄の肉味噌あんだーすーに回します。同じく豚バラ肉を使う塩漬けのスーチカーも、なんの苦労もなく仕込めます。豚耳や豚足も南部ではスーパーで購入可能なので、ミミガーさしみ（茹でた豚耳の薄切りと、きゅうりの和え物。ピーナツバターベースもあり）や、てびち（豚足）の煮付けを作ることだってできます。

マスタード・グリーン（Mustard Greens　からし菜の一種）を使ったチキナーチャンプルー（塩漬け、または塩揉みしたからし菜と、豚肉、豆腐の炒め物）も朝飯前です。

里芋の親芋のような姿の田芋は、アジア系食料品店に行けば親戚筋のタロイモが手に入り、料理用パパイヤと呼ばれる未熟の青パパイヤや空芯菜もそうですし、私は沖縄式に紅芋と呼んでいる紫芋や、クーブイリチー（細切り昆布の炒め煮）に使えるカット済みの昆布も売られています。

暑い夏の日には、金時豆と黒砂糖で作った沖縄の冷たいぜんざいと、さんぴん茶（ジャスミン茶）で涼を取ります。ぜんざいに添える白玉は、白玉粉よりもち粉の方が圧倒的に手に入りやすく、沖縄のもち作り自体もち粉を使うので、全く影響はありません。

夕方は沖縄の音楽をストリーミングで聴きながら、茹でたスーチカーに庭で収穫した四季柑をきゅっと搾って、酒のあてのような一品を用意。パパヤーイリチー（細切り青パパイヤの炒め煮）や、フィリピン人のお隣さんからいただいたゴーヤーを使った黒糖漬け、沖縄の具だくさん味噌汁、芽ひじきと刻んだ人参を入れて作った沖縄風炊き込みごはんのじゅーしーで締めると、どこに住んでいるのか一瞬分からなくなります。

スペアリブは、軟骨付きのものが丸ごと手に入るので、ソーキ汁やソーキそばもできます。さすがに鰹節だけは、カビ付けしていない沖縄のものが欠かせないので、一時帰国の際は沖縄の鰹節をたっぷり持って帰り、小分けして真空パックにし、冷凍保存しています。

南部の一般スーパーでは生のピーナッツが簡単に購入できるので、アジア系食料品店で売っているタピオカ粉やさつまいもでんぷんを使ってジーマーミ豆腐（でんぷんで固めたピーナッツ豆腐）が作れますし、島かまぼこや、八重山かまぼこといった揚げかまぼこの類いは、何故かナマズの親戚である川魚のスワイ（Swai）で、沖縄で食べていたものに勝るとも劣らない美味しいものが作れました。年末には豚骨に塩をすり込んで一週間冷蔵庫で寝かせたものと、沖縄の鰹節をベースにそば出汁を用意し、前述のラフテー、揚げかまぼこ、２１６ページのスタンドミキサーで作った自家製沖縄そばで年越しです（北部風の幅広麺が好きです）。

正月には昆布巻きの代わりにクーブイリチーと、アジア系食料品店で手に入れた紅芋（紫芋）で沖縄をイメージしたきんとんを、田芋の代わりにタロイモでたーんむの唐揚げ（蒸して素揚げにし、甘辛いたれを絡めた田芋）などを作り、それらを南部では観葉植物として人気なシェル・ジンジャー（Shell Ginger）と呼ばれる月桃（げっとう、さんにん）の葉で飾ります（庭で育てています）。冷え込みが強くなった頃には、その月桃の葉でもち粉の生地を包んで蒸したムーチーを用意し、一年の早さに驚きながら食べます。

丁寧な和食をアメリカの田舎で作ろうとすると色々工夫が必要です。しかし、沖縄料理でしたら特に困難はないので、食べたいものを食べたい時に作れるのはなんて幸せなことだろうと思います。沖縄料理好きの皆さん。やる気さえあれば南部でも美味しく作れるので、ご安心ください。

余談です。3年前にアメリカで人種が分かるＤＮＡテストを受けたところ、奄美大島から八重山列島エリアのＤＮＡが4パーセント入っていることが分かり、前世ではなく祖先の血が入っていたからこんなにも沖縄に惹かれたのかと納得しました。

ホームレメディその1　ホームシックに

米を主食として育った日本人たるもの、漬物ぐらい作れなくてどうする！　海外に住むとそのぐらいの気合いになります（もちろん人にもよりますが）。

アメリカにも西洋版漬物のピクルスがあります。日本でも馴染みがあるきゅうりのピクルスなら、ハンバーガーやサンドイッチに挟む以外に、サウザンアイランドドレッシングやタルタルソースに刻んで混ぜ入れたり、なんなら映画館できゅうりのピクルスが丸ごと一本売っている地域さえあります（映画鑑賞中にボリボリ食べます）。アジア系食料品店に行けば、アジア各国の漬物が手に入りますが、好みもありますし、それだけのためにわざわざ出向くのは面倒です。

そこで、近所のスーパーで手に入る野菜を使って漬物を作ろうと思い立ちました。まずはシンプルに白菜の浅漬けです。白菜は、アメリカの一般スーパーでもナパ・キャベッジ（Napa

Cabbage）の名前で売っています（アジア系食料品店よりお高め）。アジア系にとっては日常の野菜ですが、アメリカの方にはおしゃれ食材のようで、おろし生姜入りの甘口醤油ベースのドレッシングでざく切りの白菜やきゅうりを和えた、アジア風サラダを作るくらいしか使い道はないようです。浅漬けに満足したあとは、甘口のコチュジャン、細切りの人参、りんご、生姜、アンチョビペーストなどを足して白菜キムチを作りました。

次はマスタード・グリーン、日本でいうからし菜の一種です。浅く漬けたものは249ページ「意外に作れる沖縄料理」にも登場したチキナーチャンプルーに使ったり、スパイス売り場で売っているターメリックパウダーに熱湯をかけ、粉末が下に沈んだらその上澄みを取り、塩と砂糖、少量の酢を加えたものでさらに漬け込むと、高菜漬けの味になります。乳酸発酵して酸味が出てきたら水気を絞ってごま油で炒め、みりんと醤油で味を調えて高菜炒め風に。さらにこれを使って高菜チャーハンもどきを作り、美味しく使い切ります。

野沢菜は手に入りませんがかぶの葉は普通に買えるので、これで野沢菜漬け風を作ります。かぶの皮を剥いてスライサーで均一に薄切りにし、昆布や種を取った鷹の爪と一緒に漬け込むと千枚漬け風が完成。ラディッシュに細かく格子状の切れ目を入れて甘めの寿司酢で漬けると、色鮮やかなラディッシュの菊花かぶができます。

大根はダイコン・ラディッシュ（Daikon Radish）と呼ばれ、アジア系食料品店へ行かずとも一部のスーパーで手に入るのですが、そこで購入する人はとても少ないようで、若干しなびた状態でひっそり並んでいます。どうしてもたくあんが食べたかったある日、これはもう陰干ししたものだと思えばいいのだと、前述の高菜漬け風のようにターメリック液ときび砂糖、醤油、米酢、塩、種を取った鷹の爪を煮立てた調味液によく洗ったしなびた大根を漬け込み、壺漬け風にしたことがあります。意外にも美味しくできて自分でも驚きました。

しば漬けを食べたくなった際は何度か赤紫蘇作りに挑戦したのですが、北フロリダの気候と合わないのかちっとも育たなかったので、濃いめに淹れたハイビスカスティーにふりかけの「ゆかり」を加えて混ぜ、しばらく浸したあと茶漉しでゆかりを取り除いて味を調えた調味液を使い、下漬けした長なすときゅうり、茹でた細切り生姜でしば漬け風を作ったこともあります。野菜の切れ端で福神漬けも作れますし、アジア系食料品店で柚子茶が手に入れば、きゅうりや大根で美味しい柚子漬けができます。

とりあえず塩と砂糖、酢はどこでも手に入るので、やる気さえあればなんとかなります。これから海外に住む方、現在お住まいの方にこれらがヒントになれば幸いです。さて、次は何に挑戦してみようかな。

ホームレメディその2　風邪の時に

風邪の時に召し上がりたいものは何でしょう。おかゆ、雑炊、うどん辺りでしょうか。アメリカにも風邪の際に食べるものがあります。

アメリカでは、玉ねぎ、セロリ、人参を鶏肉と一緒にじっくり煮込んだチキンスープが大定番です。鶏肉は煮込んだあとに一旦取り出し、食べやすい大きさに割いてスープに戻し入れるのが特徴で、そこに長粒種米か、幅広の平打ち麺を短く切ってねじりを入れたエッグヌードルを入れて食べます。エッグヌードルはアメリカの家庭料理によく登場する乾燥パスタで、スープやシチュー、ビーフストロガノフにも使用します（ビーフストロガノフにごはんを添えるのは、日本式です）。チキンスープに米が入るとチキンライススープ、エッグヌードルを入れるとチキンヌードルスープと呼び、野菜とたんぱく質、炭水化物を一度に摂ることができて栄養豊富なので、風邪の治りが早まりそうです。アメリカの子どもたちは、家族に作ってもらったチキンライススープや、チキンヌードルスープを食べて大きくなっています。大人になってもそうですし、二日酔いの方にも好まれます。チキンスープは、コンフォート・フード(Comfort Food)と呼ばれる郷愁や家庭の味の代表格です。国や食文化は違えど、身体が弱っている時に求めるのはこういうものなのかもしれません。

喉が痛くて固形物が食べにくい時は、ヨーグルトやアイスクリーム、そしてポプシクルと呼ばれるアイスキャンディーがよく登場します。普段コーヒー派でも風邪の時は絶対に紅茶という方も多く、蜂蜜で甘みを付けた生姜紅茶や、オレンジの皮とシナモンスティック、クローブを煮込んだお湯で紅茶を淹れ、オレンジジュースと蜂蜜を加えたスパイスオレンジティーが好まれ、これらはホットだけでなく、冷やしても美味しく飲むことができます。

中には常温のコーラで栄養補給する方もいますし、ゲータレード(アメリカのスポーツ飲料)で水分や電解質のバランスを取る他、ゼリーも人気があります。ゼリーは市販のゼリーミックスを使用することが多く、スーパーにはいつもたくさんのフレーバーが並んでいます。フレーバー数は少なめですが、すぐに食べられるカップ入りの出来合いもあります。

そういえば、私が胆嚢摘出のために2日入院した時も、回復食としてオレンジジュースとりんごジュースの他に、小さなアイスクリームサイズの真っ青なゼリーが2個出ました(ラズベリーフレーバー)。何も食べられないほど調子が悪い時には、紙パック入りで売っている油脂が取り除かれた具のないチキンストックや、ビーフストックといった選択肢もあります(ストックとは骨ごと煮込んだ出汁のことです)。これらに含まれる塩分で脱水を防ぐことができるので、理にかなっています。日本なら、具のないすまし汁や味噌汁でしょうか。

風邪の時は、アルコール、脂っぽい食事、消化に時間がかかるものは避けた方が良いといいます。お風邪の方はどうぞお大事に。

アンダーソン家のチキンスープ

材料(4人分)

玉ねぎ……130グラム(正味)
人参……100グラム(正味)
セロリ……100グラム(正味)
※1皮なしの鶏肉……330グラム
水……1・2リットル
塩……小さじ1
黒胡椒……小さじ1/8
ガーリックパウダー……小さじ1/4

冷やごはん……2膳分、または5センチ長さに折って茹でたフェットチーネ（乾麺で120グラム）

※1 胸肉、またはもも肉

作り方

1 玉ねぎは約1センチの角切り、人参は約5ミリ厚のいちょう切り、セロリは5ミリ厚に切り、鍋に入れる（セロリの葉も使用）。

2 1に分量の水と塩、黒胡椒、ガーリックパウダーを入れ、強火にかける。

3 沸騰したら鶏肉を加え、煮立ったら弱火に落として蓋をし、鶏肉が柔らかくなるまで約40分煮込む。

4 鶏肉をフォークか菜箸で繊維に沿って好みの大きさにほぐし、鍋に戻す。

5 塩と黒胡椒（ともに分量外）で味を調え、冷やごはんか茹でたフェットチーネを加えて弱火で温める。

メモ

- 冷蔵で約3日保存可能（汁気がなくなるので、冷やごはんまたはフェットチーネは分けて保存）。
- 出来立てよりも30分ほど常温に置いてからの方が、味のバランスが良くなります（ごはん類を加えるのはそのあと）。
- セロリをどうしても使いたくない場合は、塩を減らして、コンソメキューブ1個（顆粒の場合は少さじ2弱）を追加してください。

みんなの味方

私事ですが、この6年ほど体調を崩していました。仕事はおろか日常生活すらおぼつかず、夫は料理が苦手なので、カット野菜や冷凍食品、缶詰、瓶詰め、加工食品を大活用する日々でした。それまではあまり気にしていなかったのですが、アメリカはこれらの食品（特に冷凍食品）がとても充実しています。

私が利用したのは、洗浄とカット済みの葉野菜（かぶの葉やケール）、豆の缶詰、瓶詰めパスタソース、瓶詰めピクルス、フリーズドライのマッシュドポテトミックス、茹でてソースを絡めるだけのマカロニ&チーズミックス、袋ごとレンチンできる冷凍野菜、オーブンやエアーフライヤー（ノンフライヤー）で焼くだけの魚やエビのフライ、アジア系では中国スタイルの皮が厚手の餃子などなど、それらには大変お世話になりました。

最初は何もできないことに自分自身がっかりしてかなり悲しかったのですが、いろんな冷凍食品や半調理品に目を向ける機会となりました。感謝祭やクリスマスには夫の全面協力のもと、それらを活用して、今までに比べると全く疲れないのに、簡単で見映えがして食べ応えがある食事を短時間で作ることができたのです。これによって、頑張るのも楽しいけれど、頑張らなくてもそれなりに美味しいものは作れると再確認することができました。ある年のクリスマスディナーをご紹介します。

メインは3キロほどのハムの塊を焼くことに決めました。スライスしてあるタイプのハムをスーパーで選び、深さのある天パンにのせて、ピーチプリザーブ（193ページ参照）とホットドッグによく使うイエローマスタードを混ぜたソースを全体に塗り広げ、ハムが乾かないように低温でじっくり温めます。その間に付け合わせ作りです。

マッシュドポテトは、袋入りのインスタントのものを使用し、耐熱ボウルに入れて熱湯と電子レンジで温めた牛乳、ひとかけらのバターを入れてムラなくかき混ぜたら終了。グレービーは、小袋入り粉末のグレービーの素と水を合わせてコンロにかけ、とろみが付くまで泡立て器でかき混ぜながら加熱し、食べる準備ができるまで保温しておきます。

感謝祭やクリスマスに欠かせないグリーンビーンズ・キャセロールは、電子レンジで温めた冷凍のカットさやいんげん、キャンベルの濃縮マッシュルームスープ（クリームオブマッシュルーム)、フライドオニオン、黒胡椒、醤油少々を混ぜて耐熱容器に広げ、上からさらにフライドオニオンを容器の縁に沿って散らし、ソースがふつふつとなるまでオーブンで温めます。

缶詰めスイートポテトの甘煮を耐熱容器にあけて潰し、ブラウンシュガー、シナモンパウダー、オレンジジュース、溶かしバターを加えてまんべんなく混ぜ合わせた上から小さなマシュマロを散らしてオーブンで焼き、スイートポテト・キャセロールを作ります。こういう時こそ、いくつもの料理を同時進行できるアメリカサイズのオーブンの本領発揮です。ちなみにこれは、デザートではなく副菜です(本当に)。

ディナーロール(ちぎりパンのようなもの)も市販品を使い、ハムに添えるクランベリーソースは缶詰品をほぐして見映え良く器に盛り付け、テーブルに並べます。

2時間もかからず、クランベリーソースを添えたベイクドハム、マッシュドポテトとグレービー、グリーンビーンズ・キャセロール、スイートポテト・キャセロール、ディナーロールが用意でき、私が手作りしていたものと遜色ありません。例年は1週間近くかけて準備しており、着座する頃には疲労困憊でしたが、この日は食事や会話を楽しむ余裕さえあります。食後、お互いの健闘を褒め称えながら二人で片付けをしたあと、ディカフェの紅茶を淹れて市販のピカンパイを食べ、クリスマスディナーは終了。自分の中にあった「こうあるべき」

という固定観念が、やさしくほぐされた気分になりました。

おかげさまで体調はほぼ元通りとなり、今ではこのように原稿が書けるまでになりました。子育てや勉強、長時間の仕事で料理に余力を割けない方、お独り暮らしで料理が苦手な方、お身内を介護中の方、計画立てて生鮮食品を使い切るのが苦手な方、体調が優れず料理を作れない方、ピッキーイーターと呼ばれる、こだわりが強く特定のものしか食べられないお子さんなど、家庭によって様々な事情や状況があるでしょう。

手作りだけでなく、冷凍品、缶詰、インスタント食品、日本の場合それにプラス惣菜などを使って、可能な限りストレスなく、美味しく食べられるといいなと願っています。そしていつか余裕ができたら、ご自分のためにお料理を楽しんでいただけたらなあと思います。

夫好みのミートソーススパゲティ再現記録

夫の大好物のひとつに、ミートソーススパゲティがあります。どれだけ機嫌が悪くても、多忙で疲れていても、これさえ出せばご機嫌間違いなしの一品で、最低月に一回は食べたい、なんなら週に一回でもというミートソーススパゲティへの愛はとても深く、そして夫が納得行く味に行き着くまでにははるかな道のりがありました。

夫の実家では豚や鶏、牛、時にはウサギも飼っており、畑もありました。夫はその中でも特に牛を可愛がっており、デイジーと名前を付けて、毎日世話をしていました。夫は知らなかったのですが、義父はデイジーを乳牛ではなく、食用として考えていました。

ある日のこと、デイジーは家族の大切な食料となりました。少年だった夫にとってその衝撃と怒りはとても凄まじく、以降、一切の牛肉料理を半年近く拒絶したそうです。

義母がとても心配していろんな牛肉料理を夫に勧めるのですが、全く口を付けません。義母は半ば諦めつつもある料理を食卓に出しました。それはチェダーチーズがかかったミートソーススパゲティでした。怒りはまだあるけれど、美味しそうな香りと見た目にお腹がぐーっと鳴り、恐る恐る一口。それは素晴らしく美味しく、あとは夢中で一皿平らげてしまいました。以降、夫にとってミートソーススパゲティは思い出の味であり、大好物のひとつになったのです。その話を聞いた妻は、そういえば結婚前に「ミートソーススパゲティは作れる？」と尋ねられたことがあるなあと思い出しました。

以来、妻の苦行のような日々が始まります。アメリカでは、牛挽き肉の種類は脂の含有率によって3、4種類に分けられるので（46ページ参照）、まずはそれぞれの種類で作ってみることから始めました。次に使用する野菜の刻み方、挽き肉との割合、炒め方を調整し、トマトソースの煮詰め具合、ドライハーブの量や味を変えてみて何度も何度も夫に出します。この味に近いといわれたので次回も同じやり方で出せば、これは違うと拒絶されます。一体何が入っているのと聞いても、作り方を見ていたわけじゃないから分からないと答えます。義母に確認してというと、味は分かるから、自分が説明するからの一点張りです。なんなんだ、その超絶難しいクイズは！

味を覚えているのなら、あなたが一度作ってと頼むと、牛挽き肉を炒めてトマトペーストと水を入れて煮立たせたら終了で、こんなに不味いものを料理上手の義母が作るわけがないという味。折に触れて話を聞きながら、もしかして挽き肉じゃなかったのかもと牛肩肉を細かく叩いてみたり、煮込みの際に赤ワインを少し加えたり、最後に散らすチーズの種類を変えてみたり。もう作りたくないと、ヒステリックに怒ったこともありました。それでも諦め切れない夫は、妻をなだめながら定期的にリクエストしてくるのです。業を煮やして義母に直接作り方を尋ねたところ、私が使っていた玉ねぎ、人参、セロリのうち人参、セロリは入っておらず、代わりにグリーンベルペッパー（緑パプリカ）が入っていることが分かりました。もっと早く直接聞いておけば良かった、今までの努力はなんだったのかと呆然としつつ、とにかく進んでいるんだと気を取り直して作り続けることさらに数年。ついに夫から「この味だ！ いや、これは母の味を超えたよ！」と叫ばれました。こんなに簡単で良かったんだ。

ソレハヨカッタデスネ……。

　その頃には、夫への愛は変わりなく残っていても、一緒にそれを食べたいという思いは残っていませんでした。以降、私は夫好みのミートソーススパゲティを相変わらず作り続けていますが、一度も食べていません。アナタ、タイヘンヨホントウニ。私の艱難辛苦《かんなんしんく》を成仏させせるべく、ここに作り方を記しておきます（日本で作るのは難しいかもしれませんが、ご参考まで）。

これさえあればいつもご機嫌
アンダーソン家のミートソース

材料（中肉中背のアメリカ人4人分）

93パーセント赤身＋脂身7パーセントの牛挽き肉
……450グラム
スイートオニオン（粗みじん）……200グラム
ローストした赤パプリカの水煮（粗みじん）
……目分量で赤パプリカ1個分
Ragu の Old World Style Traditional Sauce
……1瓶（24 oz・680グラム）
Muller's のスパゲティ……1箱（450グラム）
日本のピザ用チーズ幅におろした
ミディアムチェダーチーズ（イエロー）
……一掴み×4

作り方

1 ノンスティック加工の口が広い鍋を熱して油を引かずに牛挽き肉を入れ、軽く焼き色が付くまで強めの中火で炒める（所々大きめに挽き肉の塊を残して食感にムラを出すのがポイント）。

2 1に何も気にせず刻んだ野菜を入れ、水気が飛ぶまで中火で炒める。

3 2を弱火に落とし、ソース全量を入れて蓋をして30分煮詰めたあと、蓋を外して一度常温まで冷ます。

4 スパゲティを箱の指示通りに茹でている間に、ミートソースを温め直す（お湯に塩は入れない）。

5 水気を切ったスパゲティを皿に盛り、ソースをかけてチーズを散らせばご機嫌さんの出来上がり。

違いの分かる食いしん坊

"Honey, what's for dinner ?"（ハニー、ディナーは何？）

かれこれ25年近く、毎日のように夫から聞かれています。

夫は料理が苦手なので、普段は私が料理を担当しています。食べることが大好きで、前職では公衆衛生関係の仕事に就いていたためか、不衛生な環境が大変苦手です。レストランは開店前に到着して、店が開くのをじりじりと待ちます。ホームパーティーの際は時間ぴったりに到着して、一番初めにおいとまする超絶せっかちさんです。空腹になると気が短くなります。とてもやさしくて気遣いさんであるものの、意固地な一面があり、それを発揮してしまった時は思いがけずに物を壊します（２０８ページなど）。ゴメンナサイといえない奇病に罹っていたのですが、妻の献身的なサポート（こちょこちょ、感情的にならないお説教、見守り）の甲斐あって落ち着きました。年々協調性も上がり、買い出しの際は妻の三歩後ろでカートを押し（たまに行方不明になります）、アイスティーが深さ3センチしかない時はそのまま冷蔵庫に戻さず、飲み終えたあとピッチャーを洗って余裕があれば拭き上げ、食後はすぐにシンクに立ち、食洗機を使用しないグラスや鍋などの調理器具を洗う人になっています（その横で私は食器を拭いています。役割が交代する時もあります）。

２３６ページの行事ごはんの際は率先してメニュー会議を開き、週末は夫のリクエスト品のみが登場するブランチを毎回楽しみにしています（先週は、チーズグリッツ、クロワッサン、スクランブルエッグ、ターキーハム、オレンジジュースでした）。

味の違いやバランスが無意識に分かっているようで、青ねぎが苦手なのに、ラーメンには少量必要だそうです。日本のカレーライスには、ジャスミンライスよりジャポニカ米が合うといい（お気に入りは、中落ちカルビを使ったじゃがいも抜きのビーフカレー）、特に2日目以降のカレーは味に深みが出るとお弁当にも持参します（職場の電子レンジで温めて食べています）。普段、粘りがある米は好まないのに、中華ちまきを作ると嬉しそうに食べます。もち菓子も当初は苦手でしたが、ごま団子などでじわじわと間合いを詰めたところ、いつの間にか、自らミニ大福をつまむまでになりました。目玉焼きは、日本スタイルの蒸し焼きがお気に入りです。

唐揚げは皮なしで揚げたものを好み、フライドチキンは皮を剥がして食べるので、「一番美味しい部分なのに」とよく義母に嘆かれました。豚ばら肉を煮込んだラフテーは、分解して肉の部分のみ食べるので、もったいなくて大晦日の年越し沖縄そばの日にしか夫には出しません（他の日は、ソーキそば仕立て）。絹ごし豆腐は苦手で、麻婆豆腐は木綿豆腐やそれより固いエクストラ・ファーム豆腐を好みます。なますや柚子茶を使った柚子大根、切り干し大根のはりはり漬けなどは、「大根の匂いが……」といいながらもりもり食べます。生や飴色になるまで炒めた玉ねぎが大の苦手なので、それらを使った料理は基本的に夫の皿には登場しませんが、柑橘の果汁とおろし玉ねぎ、塩、黒胡椒、クミンパウダー、にんにく、オレガノ、オリーブオイルでマリネして焼いたキューバスタイルのポークチョップを出した時は、一緒にさっと炒めたほぼ生の状態の輪切り玉ねぎを残しません。

前述のミートソーススパゲティの日は、そわそわして食事前からお礼が始まり、食後も普段の二倍は感謝の意を伝えてくれます。南部ごはん用にコーンブレッド、ビスケット、ディナーロールを冷凍庫に常備しており、食事の際に自由に選んでもらっていますが、コーンブレッドの消費が一番早いです。

ツボに入った時は惜しみない賛辞を送ってくれますが、たまに口に合わなかった時も、こちらがうんざりするほど延々と理由を述べてくるので、若干面倒です。

そんな食べる専門の夫ですが、私が一時帰国する時はやる気スイッチ（本人曰く、サバイバルモード）が入るようになりました。当初は冷凍食品やデリの惣菜、パックサラダなどでしたが、連休中に庭のグリルでハンバーガーパティ、手羽先、ソーセージを焼き、ついにはフライパンで中国スタイルの皮が厚手の冷凍餃子を焼き始めました。ジャスミンライスを炊いて冷蔵庫に常備し、アイスティーは私が伝えた通りに、メモを見ながら時間厳守で淹れていました。エアーフライヤーも使えるようになったので料理スキルは上昇中ですが、私が戻ってきて時差ぼけが治ると、残念ながらやる気スイッチは切れてしまいます。

食事の内容を知ると安心するのか、ランチの直後に聞いてくることもしょっちゅうです。先ほども聞かれました。"Honey, what's for dinner?"

あとがきにかえて

気が付けば、アメリカ南部の家庭料理本ばかり作り続けています。なぜ私はこんなにも南部料理に惹かれるのでしょう。

きっかけのひとつは、南部出身の夫です。結婚当初は日本に住んでいたので、料理を得意としない夫は南部料理を頻繁に食べることはできません。料理本を取り寄せたり、当時はダイヤルアップだったインターネットで調べたりしながら、夫の感想を参考に色々工夫したものです。渡米して約2年後、北西部のワシントン州から現在も住む北フロリダへ引っ越すことになりました。夫の希望で車移動です。

出発時には初秋でしたが、モンタナ州では大雪に見舞われ、えらい目に遭いました。ミズーリ州に入った辺りから気温が明らかに上がり始め、移動距離を実感します。テネシー州ではホテルの朝食メニューに、今までのトーストやベーグルに加えて、グリッツ、ビスケット、粗挽き黒胡椒が入ったホワイトソースによく似た白いグレービーが登場。ビスケット用のグレービーを見たのはその時が初めてで、食べ方が分からず夫に聞いたところ、嬉々として「ビスケットを横に割って並べ、そこにグレービーをたっぷりかけるんだよ」と教えてくれました。美味しかったので、グレービーだけお代わりしたのを覚えています。

風景、人や食べ物の違いを感じながら数日かけて移動を続け、北フロリダに着いた時には蝉が鳴いていました。走行距離４９００キロの超長距離運転で疲れているはずの夫は、当時は南部でしか展開していなかったChick-fil-A（１２２ページ）を見つけ、「あ、Chick-fil-Aがある！　今日は日曜でやっていないから、明日行こう！」と大はしゃぎです。スーパーのPublix（１２５ページ）でも「ピカンパイがある！　バナナプディングも売ってる！」と非常に嬉しそうです。その姿を見て、彼が南部を懐かしがっているのがよく分かり、ますます南部料理を知りたくなりました。

そして現地で南部料理を食べるようになると、私自身が魅力に取りつかれました。珍しいものもありますが、基本的には日本の食材とそれほど違わないのに、味付けや調理法が違うだけで全くの別物に感じられ、こんな使い方があったのか、こんな味になるのかといった驚きや発見がたくさんありました。

複雑な手順は少ないのですが、伝統的な南部料理はそれなりに時間がかかるので、それを毎日の料理に取り入れるには、家庭環境によっては困難かもしれません。しかし南部の人々は半調理品や冷凍品、既製品をうまく活用して作りますし、自分で作る時間が取れなくても南部料理を食べにレストランへ行き、クリスマスなどの行事には親戚家族総出で十分に時間を使って南部の料理をこれでもかと作ります。それらは一旦作ってしまえば全員が着座して食べられるものばかりなので、誰かが台所に立ちっぱなしということはありません。

そしてそれらの料理の昔話やエピソードを夫の家族や友人、料理本を通じて知ることが私は大好きで、単に料理だけで終わらない新しい知識や発見があります。親子三代で使っている鋳物のスキレットや、ひいおばあさんのレシピなど、家族との繋がりを大事にしている印象が強いです。それらはレシピだけでは得られない大切なものです。

歴史は比較的浅い国ですが、それを自覚しているからか記録に残しているものは大変多く、建国当時の料理本は今も印刷販売されていますし、手に入れることもさほど難しくはありません。そのため、知りたいという欲求が宙ぶらりんにならずに情報へたどり着きやすいところも、継続的に研究していける理由です。

南部の家庭料理にはいまだに飽きることは全くなく、調べたいことがどんどん広がっています。深掘りすると、大多数の料理が海を渡ってヨーロッパや西アフリカなど他国に繋がってしまうため、それらの国の料理や背景も知っておく必要が出てきました。近頃は、夫に南部料理の歴史を説明しては悦に入るはた迷惑な人になりつつありますが、面白さをひとり占めできず、ついシェアしたくなるのです。というわけで、南部料理の魅力をこれからも皆様にお伝えすべく、今後も研究を続けます。まずは、このエッセイにかかりきりになっている間に増えた未読の南部料理本、歴史本から手を付けなくては。今日もワクワクが止まりません。

アンダーソン夏代

料理研究家。福岡県福岡市生まれ、２００４年に渡米し、現在アメリカのフロリダ州・ジャクソンビル在住。アメリカ・ノースキャロライナ州出身の夫との結婚を機にアメリカ南部料理に興味を持ち、研究を始める。著書に『アメリカ南部の家庭料理』、『アメリカン・アペタイザー』（ともにアノニマ・スタジオ／グルマン世界料理本大賞準グランプリ）、『アメリカ南部の野菜料理』（誠文堂新光社／グルマン世界料理本大賞グランプリ）がある。『台所のメアリー・ポピンズ』（アノニマ・スタジオ）では、レシピ訳を担当。

デザイン　漆原悠一（tento）
イラストレーション　市村譲
写真　アンダーソン夏代
編集　村上妃佐子（アノニマ・スタジオ）
校正　東京出版サービスセンター

アメリカ南部の台所から

２０２４年６月24日　初版第１刷発行

著　者　アンダーソン夏代
発行人　前田哲次
編集人　谷口博文
アノニマ・スタジオ
〒１１１-００５１ 東京都台東区蔵前２-14-14 ２Ｆ
ＴＥＬ ０３-６６９９-１０６４　ＦＡＸ ０３-６６９９-１０７０
発行　ＫＴＣ中央出版
〒１１１-００５１ 東京都台東区蔵前２-14-14 ２Ｆ
印刷・製本　シナノ書籍印刷株式会社

ISBN978-4-87758-861-8 C0095

アノニマ・スタジオは、
風や光のささやきに耳をすまし、
暮らしの中の小さな発見を大切にひろい集め、
日々ささやかなよろこびを見つける人と一緒に
本を作ってゆくスタジオです。
遠くに住む友人から届いた手紙のように、
何度も手にとって読みかえしたくなる本、
その本があるだけで、
自分の部屋があたたかく輝いて思えるような本を。